SCIENCE

科普百家讲坛
QINGSHAONIAN AI KEXUE
李慕南 姜忠喆◎主编 〉〉〉〉

KEPU BAIJIA JIANGTAN

及科学知识，拓宽阅读视野，激发探索精神，培养科学热情。

获得诺贝尔奖的科学家们

吉林出版集团
北方妇女儿童出版社

图书在版编目(CIP)数据

获得诺贝尔奖的科学家们 / 李慕南,姜忠喆主编
. —长春:北方妇女儿童出版社,2012.5(2021.4重印)
(青少年爱科学.科普百家讲坛)
ISBN 978 - 7 - 5385 - 6332 - 0

Ⅰ.①获… Ⅱ.①李… ②姜… Ⅲ.①诺贝尔奖 – 科
学家 – 生平事迹 – 青年读物②诺贝尔奖 – 科学家 – 生平事
迹 – 少年读物 Ⅳ.①K811 – 49

中国版本图书馆 CIP 数据核字(2012)第 061723 号

获得诺贝尔奖的科学家们

出 版 人	李文学
主　　编	李慕南　姜忠喆
责任编辑	赵 凯
装帧设计	王 萍
出版发行	北方妇女儿童出版社
地　　址	长春市人民大街 4646 号 邮编 130021
	电话 0431 – 85662027
印　　刷	北京海德伟业印务有限公司
开　　本	690mm × 960mm　1/16
印　　张	12
字　　数	198 千字
版　　次	2012 年 5 月第 1 版
印　　次	2021 年 4 月第 2 次印刷
书　　号	ISBN 978 - 7 - 5385 - 6332 - 0
定　　价	27.80 元

前　　言

　　科学是人类进步的第一推动力,而科学知识的普及则是实现这一推动力的必由之路。在新的时代,社会的进步、科技的发展、人们生活水平的不断提高,为我们青少年的科普教育提供了新的契机。抓住这个契机,大力普及科学知识,传播科学精神,提高青少年的科学素质,是我们全社会的重要课题。

　　一、丛书宗旨

　　普及科学知识,拓宽阅读视野,激发探索精神,培养科学热情。

　　科学教育,是提高青少年素质的重要因素,是现代教育的核心,这不仅能使青少年获得生活和未来所需的知识与技能,更重要的是能使青少年获得科学思想、科学精神、科学态度及科学方法的熏陶和培养。

　　科学教育,让广大青少年树立这样一个牢固的信念:科学总是在寻求、发现和了解世界的新现象,研究和掌握新规律,它是创造性的,它又是在不懈地追求真理,需要我们不断地努力奋斗。

　　在新的世纪,随着高科技领域新技术的不断发展,为我们的科普教育提供了一个广阔的天地。纵观人类文明史的发展,科学技术的每一次重大突破,都会引起生产力的深刻变革和人类社会的巨大进步。随着科学技术日益渗透于经济发展和社会生活的各个领域,成为推动现代社会发展的最活跃因素,并且成为现代社会进步的决定性力量。发达国家经济的增长点、现代化的战争、通讯传媒事业的日益发达,处处都体现出高科技的威力,同时也迅速地改变着人们的传统观念,使得人们对于科学知识充满了强烈渴求。

　　基于以上原因,我们组织编写了这套《青少年爱科学》。

　　《青少年爱科学》从不同视角,多侧面、多层次、全方位地介绍了科普各领域的基础知识,具有很强的系统性、知识性,能够启迪思考,增加知识和开阔视野,激发青少年读者关心世界和热爱科学,培养青少年的探索和创新精神,让青少年读者不仅能够看到科学研究的轨迹与前沿,更能激发青少年读者的科学热情。

　　二、本辑综述

　　《青少年爱科学》拟定分为多辑陆续分批推出,此为第五辑《科普百家讲

坛》,以"解读科学,畅想科学"为立足点,共分为 10 册,分别为:

1.《向科技大奖冲击》

2.《当他们年轻时》

3.《获得诺贝尔奖的科学家们》

4.《科学家是怎样思考的》

5.《科学家是怎样学习的》

6.《尖端科技连连看》

7.《未来科技走向何方》

8.《科技改变世界》

9.《保护地球》

10.《向未来出发》

三、本书简介

本册《科学巅峰的巨人》是攀爬科学之峰的至高典范!事业、人生的追求无不如此,就在你冲刺巅峰的艰辛过程中,无数个予以衬托的山顶被你抛之身后,最后,你终于登上了孤悬高拔的群峰之巅,领略那心旷神怡的奇妙和美丽。面对这本书,你不是在面对枯燥的文字和繁杂的图片,而是面对着科学发展真实而传奇的历史。智慧在一个又一个科学家的大脑中接力,科学的火花在历史的长河中跳跃。无数智者倒在了探索科学的道路上,但是更多的人接过他们留下的任务继续完成这无尽的探索。当你看到这本书的时候,你已经踏上了科学探索之路。

本套丛书将科学与知识结合起来,大到天文地理,小到生活琐事,都能告诉我们一个科学的道理,具有很强的可读性、启发性和知识性,是我们广大读者了解科技、增长知识、开阔视野、提高素质、激发探索和启迪智慧的良好科普读物,也是各级图书馆珍藏的最佳版本。

本丛书编纂出版,得到许多领导同志和前辈的关怀支持。同时,我们在编写过程中还程度不同地参阅吸收了有关方面提供的资料。在此,谨向所有关心和支持本书出版的领导、同志一并表示谢意。

由于时间短、经验少,本书在编写等方面可能有不足和错误,衷心希望各界读者批评指正。

本书编委会

2012 年 4 月

目　　录

科学之祖泰勒斯

　　泰勒斯是西方思想史上第一个有名字留下来的哲学家。大约公元前 624 年，他降生在希腊古殖民城邦米利都（Miletus，今属土耳其）的一个奴隶主贵族家庭。由于家族地位的优越，他从小就受到了良好的启蒙教育。

　　早年泰勒斯曾作为一个商人，游历过很多东方国家，积累了广博的知识。在古巴比伦，他学会了观测日食月食和测算海上船只距离；在埃及，他了解了土地丈量的方法和规则等；但对他影响最为深远的是在美索不达米亚平原，在这里学习了数学和天文学知识，从此奠定了他向数学和天文学进军的知识基础。

　　寻求证明是古希腊人原本就有的求索精神，而泰勒斯则把这种精神和思想移植到了几何的研究上。他首先把埃及的地面几何演变成平面几何学，这样一来就把形象的地面图形演变成了有很强逻辑性的理论，使之具有普遍意义。这对几何学的发展起到至关重要的作用，因此他当之无愧地成为古希腊几何学的先驱。

　　在数学上引入命题证明的思想，是泰勒斯最大的成就。他把各种定理之间的内在联系通过逻辑证明体现了出来，使数学构成一个严密的体系，为还处于混沌愚昧状态的人们做出了巨大的贡献，并为数学的下一步发展奠定了基础。这种思想的引入标志着人们对客观事物从经验的认识上升到了理论上的思考，这

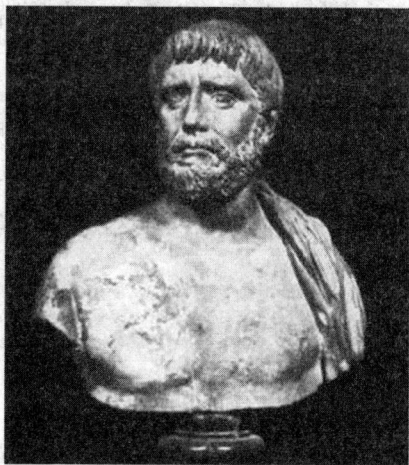

在数学史上是一次非比寻常的跨跃。

泰勒斯不仅是众多基本定理的发现者（如："直径平分圆周"、"等腰三角形底角相等"等），还是将数学知识运用到生活当中的实践者。相传他在晴朗的天气里来到了金字塔前，根据相似三角形对应边成比例的数学原理，测算出了金字塔的高度。这种测量就是历史上著名的"泰勒斯测量法"，曾在埃及得到了广泛的运用。

泰勒斯对天文学的痴迷和造诣完全不亚于数学。据说有一天晚上，泰勒斯走在旷野之们，沉浸在满天星斗之中，竟忘了自己还在走路。结果掉进一个坑里，差点摔死。当别人把他救出来时，他的第一句话却是告诉那人明天会下雨！这位只顾观看天空却不看脚下的天文学家还对太阳的直径进行了计算，并且成功预测了公元前585年5月28日的日全食，从而巧妙地结束了一场持续五年之久的战争。

晚年泰勒斯的研究转向了哲学领域，并成为古希腊最早的哲学学派——爱奥尼亚学派的创始人。他认为世界本原是水，"水是最好的"、"水生万物，万物复归于水"。有这样的心得来源于他早年向埃及人学习观察洪水的体会。在尼罗河每年涨退的记录和自己的观察中，他发现每次洪水退后，在留下肥沃的淤泥中蕴藏着无数微小的胚芽和幼虫。他把这一现象与神造宇宙的神话结合起来，得出了万物由水生成的哲学思想。

大约在公元前546年，古希腊智慧的第一个人泰勒斯去世了。他死后，人们在其墓碑上所镌刻的颂词充分显示了对他的敬仰："他是一位圣贤，又是一位天文学家，在日月星辰的王国里，他顶天立地、万古流芳。"被尊为"希腊七贤之首"、"科学之祖"的泰勒斯，一生的研究几乎涉猎了当时人类的全部思想和活动领域，有这样的颂词也是当之无愧的。

"万物皆数"的创立者毕达哥拉斯

"勾三股四弦五",是现在我们耳熟能详的"勾股定理"中的一个特例,它早在西汉的数学著作《周髀算经》中就已经出现。遗憾的是,我们的祖先没能从特例中发现这一定理的普遍意义,而拱手将这一定理的发现权及冠名权让给了古希腊著名的数学家和哲学家毕达哥拉斯。他第一个用演绎法证明了直角三角形斜边平方等于两直角边平方之和,因而这条定理在西方以他的名字命名,被称为"毕达哥拉斯定理"。

大约在公元前572年,毕达哥拉斯出生于爱琴海中的萨摩斯岛。自幼聪明好学,曾在名师门下学习几何学、自然学和哲学,后来因对东方的向往,游历巴比伦、印度和埃及,吸收了阿拉伯文明和印度文明,大约在公元前530年才返回希腊,创建了自己的学派。此后他一边从事教育,一边从事数学研究。

"勾股定理"是毕达哥拉斯一个最具代表的数学成就,关于这一定理的发现还有一个有趣的故事。

相传,毕达哥拉斯应邀参加一次豪华宴会,不知道什么原因,大餐迟迟不上桌。善于观察和理解的毕达哥拉斯没有注意到这些,而是被脚下排列规则、美丽的方形石砖所深深吸引。他并不是欣赏它们的美丽,而是思考它们和"数"之间的关系。于是,在大庭广众之下,他蹲在地板上,拿了画笔在选定的一块石砖上以它的对角线为边画一个正方形,结果惊奇地发现这个正方形面积恰好等于两块砖的面积和。开始他以为这只是巧合,但当他把两块石砖拼成的矩形之对角线作另一个正方形时,这个正方形之

面积相当于 5 块石砖的面积。这也就是说它等于以两股为边作正方形面积之和。

毕达哥拉斯被这一惊奇的发现惊呆了，他明白这绝不是一种巧合。回到家后，他又作了进一步演算，最终证明了"勾股定理"。据说，他为了庆祝这一伟大的发现，特宰杀了一百头牛，在学院里大摆宴席狂欢。

对数的研究，毕达哥拉斯达到了痴迷的程度，且把它神秘化。他认为数是众神之母，是普遍的源头，并把它上升到了美学高度，让人们站在审美的角度来理解"数"，理解"和谐"和"美"。

除将"数的和谐"用在美学上外，毕达格拉斯还将这种思想引向了音乐。他发现：竖琴每一条弦的长度如果呈一定的比例，这些琴弦发出的声音就会很清晰。琴弦的长度可以用数字表示（这也就是我们所知的五线谱的最早来历了），所以毕达哥拉斯认为，美丽的音色背后存在着"数字"，因此他为音乐创造出了数学性的规则，故而也被称为"音乐鼻祖"。

球形是最完美的几何体，毕达哥拉斯认为大地也应该是球形。在此基础上，他提出了太阳、月亮和行星作均匀圆周运动的观点，这一观点直到 17 世纪初德国天文学家开普勒的出现才被打破。此外，他还认为 10 是最完美的数，推断天上发光运动天体也必然是 10 个。

毕达哥拉斯的哲学是和数学分不开的，他把自己在数学上的思想引到了哲学上，总结出一句话就是"万物皆数"，"数是万物的本质"。在对宇宙本源的认识上，他把数理解为是自然界的形式和形象，是一切事物的总根源。有了数，才有几何学上的点，有了点才有线、面和市体，有了立体才有火、气、水、土这四种元素，从而构成了世间万物。这些观点虽然带有很强的主观色彩，但是对后来美学的发展却起着深远的影响。

在历史上，关于毕达哥拉斯的传说几乎是一堆难分难解的真理与荒诞的混合，罗素甚至形容他为："一种爱因斯坦与艾地夫人的混合。"此外，他所建立的有宗教色彩的毕达哥拉斯学派，持续繁荣了两个世纪之久。他的思想主要是通过这一学派得以继承和传播。

大约公元前497年，毕达哥拉斯在林敦（今意大利南部塔兰托）去世，但他在科学上所作出的贡献是永远不可磨灭的，他把对数学的理解发展到哲学上的意义，一直影响到今天，特别是"数的和谐"思想至今仍是现在美学的最高追求。

几何学之父欧几里得

很难想象：我们现在学习的普通几何学体系，是由古希腊数学家欧几里得在公元前 300 年创立的。从那时到现在，在 2000 多年的漫长历史长河里，他编写的《几何原本》一直都被看作是学习几何的标准课本。

欧几里得大约公元前 330 年出生于希腊麦加拉，卒于公元前 275 年。早年，他在雅典柏拉图学院求学，对数学、天文以及柏拉图的学说都十分精通，并成为了当时著名的学者。大约在他 30 岁时，受托勒密王的邀请来到亚历山大，并在那里定居下来。

亚历山大是当时希腊的政治文化中心，吸引了大批的学者到此游学。欧几里得利用这一优势结识了很多渊博的学者，他们互相交流研究的成果和思想。这使得欧几里得的思想也随之开阔起来，为他编写《几何原本》积累了丰富的材料。

古希腊哲学家对数学研究有着十分悠久的历史。欧几里得以前曾出版过一些几何学著作，但都是讨论某一方面的问题，内容也不够系统。在古希腊先前数学家成果的基础上，欧几里得的《几何原本》大约在公元前 300 年问世了，这一著作建立起来的几何学结构体系标志着几何学成为一门独立学科。同时，这部著作也是欧几里得对公元前 7 世纪以来希腊几何成果的继承与创新，这对数学、科学等学科的发展以及对西方人的整个思维方法都产生了极为深远的影响。

最初用希腊文写成的《几何原本》自产生之后，就作为教科书而广泛流传，至今已有两千多年。据说现在达到了一千多个版本。这本书对后世产生了无法估量的影响，许多科学家都竭力效仿欧几里得，试图把自己所有的结论都合乎逻辑地从少数几个原始条件下推导出来。其中最为突出的就是艾萨克·牛顿，他的伟大著作《自然哲学的数学原理》就是用《几何原本》相类似的形式写成的。

除《几何原本》之外，欧几里得还著有《数据》、《图形分割》、《论数学的伪结论》、《光学》、《反射光学之书》等著作，其中《光学》中对入射角和反射角进行了研究，并得出两者相等的结论，即最初的光的反射定律。

作为一位治学严谨的学者和温良敦厚的教育家，欧几里得反对任何人在做学问时投机取巧和追求名利。尽管欧几里得在几何学的简化上做了很多努力，但作为他学生的托勒密王还是不能理解。于是，托勒密王向欧几里得讨教：是否有一条学习几何的捷径？

欧几里得回答道："在几何学里，大家只能走一条路，没有专为国王铺设的大道。"这句话已成为千古传诵的学习箴言。

力学之父阿基米德

在科学发展史上，除了牛顿和爱因斯坦，阿基米德是另一位为人类进步和科学发展做出巨大贡献的人。即使是牛顿和爱因斯坦这样的科学巨匠，他们身上的光辉也沾染了阿基米德身上的灵感与智慧。他是"理论天才与实验天才合于一人的理想化身"。文艺复兴时，达·芬奇和伽利略等人都拿他来当做自己学习的楷模。

阿基米德诞生于富有传奇色彩的西西里岛的叙拉古（今意大利锡拉库萨）。身为贵族的阿基米德在 11 岁时，借助与王室的关系，只身前往亚历山大城学习。

亚历山大位于尼罗河口，是当时著名的经济文化中心，雄伟的博物馆和图书馆吸引了各地的人才会聚与此。阿基米德在这个被世人誉为"智慧之都"的地方学习和生活了许多年，并且和游学到这里的人建立了深厚的友谊。在和这些学者朋友的交往中，他对数学、力学和天文学产生了浓厚的兴趣。在学习天文学时，他发明了用水利推动的星球仪，并从星球仪斗转星移的变幻中悟到了地球的形状和运动的方式。当他的这些成果再次被哥白尼提及的时候，时间已经过去了 1800 年……

公元前 240 年，带着一身博学回到叙古拉城的阿基米德，把为解决用尼罗河水灌溉土地而特意发明的圆筒状的螺旋扬水器带回了王国。这为人们的生活生产解决了许多问题，后人称它为"阿基米德螺旋"。不久，他被希罗王聘请为顾问。

关于阿基米德的故事很多，比如，他在洗澡的时候发现了浮力定律，高兴得光着身子跑出了家门；与希罗王辩论，寻求一个支点要把地球撬起等等，这些只是他科学成就的很小一部分。在他用希腊文写成的数学著作里，他的科研方法是先设立若干定义和假设，然后再依次证明，其体例颇有欧几里得《几何原本》之风。其作品《论球和圆柱》、《圆的度量》、《抛物线求积》、《论螺线》等，既继承和发扬了古希腊研究抽象数学的科学方法，又使数学的研究和实际应用联系起来，这在科学发展史上的意义是重大的，对后世的影响是极为深远的。故而，他被高斯评价为："有史以来最伟大的数学家"。

阿基米德也是一位力学家，有"力学之父"之称。除闻名于世的浮力定律外，在总结前人经验的基础上，他还系统地研究了物体的重心和杠杆原理，提出了精确地确定物体重心的方法，严格的证明了杠杆原理，为静力学奠定了基础。在研究机械的过程中，杠杆原理为他提供了很大的帮助，为此他制造出许多省力轻便的机械。

阿基米德不仅有着突出的科学成就，还有着一颗极强的爱国之心。传说罗马军队入侵叙拉古时，已过古稀之年的阿基阿米德指导同胞们制造了投石机、铁爪式起重机等很多非常有效的攻防武器，打得侵略军落花流水。另一个难以置信的传说是，他指导叙拉古人民利用凹面镜的聚焦反射阳光，将罗马军队的木制战舰上的帆焚烧。罗马士兵被这"天降神兵"吓得胆战心惊，一见到有绳索或木头从城里扔出，他们就惊呼"阿基米德来了"，随之抱头鼠窜。

公元前212年，围城三年的罗马人在趁叙拉古城防务稍有松懈的情况下，大举进攻叙拉古，不久城门被攻破。此时的阿基米德还沉浸在一道深奥的数学题之中。一个罗马士兵闯入，用双脚践踏了他在地上所画的几何图形。满怀愤怒的阿基米德起身与之争论，不料残暴无知的士兵举刀一挥，一位璀璨的科学巨星就此陨落了。

对于阿基米德被杀，罗马将军马塞勒斯甚为悲痛，并为之懊悔不已。除严肃处理这个士兵外，还亲自将阿基米德的遗体厚葬，并在其墓碑上刻着一个圆柱内切球的图形，以纪念他在科学上的卓越贡献。这也是阿基米德生前曾流露过的愿望。

明代"医圣"李时珍

《本草纲目》被世界医学界誉为中国医药的宝书、"东方医药巨典",这部书是李时珍倾注了自己半生的精力,翻遍了所有的药典,走遍了全国山山水水,冒着生命危险亲尝百草,历时近三十年才完成的医药巨著。它不仅为后人留下了无尽的宝贵财富,还留下了一种为科学舍生忘死的献身精神。

李时珍,字东璧,号濒湖,湖北蕲(今湖北省蕲春县)州人,生于明武宗正德十三年(公元1518年),卒于神宗万历二十一年(公元1593年)。出身于世医之家的李时珍,祖父和父亲都是当地的名医。但那个年代民间医生的地位很低,李家常受官绅的欺侮。所以他的父亲让其读书应考,希望他能进入官场以光耀门楣,出人头地。李时珍按照父亲的意愿,刻苦攻读,14岁便中了秀才,但在接下来的三次考试中均名落孙山。李时珍厌倦了空洞乏味的八股文,便放弃了科举做官的打算,专心学医。

自幼喜欢读书的李时珍博学多才,放弃科举后,他更是把全部精力都放在医书上。据说他居家十年不曾出门,几乎读遍了所有的医书,认真研读并且还以医生自居。日积月累,他的医术大有进步,名声远扬。许多王公大臣听说后,也请他来为自己的家人看病。

当时封藩在蕲州的富顺王朱厚焜,特请李时珍到王府为自己的儿子诊病。富顺王的儿子爱吃灯花、生米、泥土,李时珍根据上述症状，诊其为虫病，于是用杀虫药物治好了这种怪病。

不久，此事传到封藩在武昌的楚王耳中，楚王又把李时珍请去当侍医。一天，楚王的儿子突然昏厥不省人事，李时珍根据中医理论，大胆施药，从死亡边缘救回了世子的性命。楚王为表示感谢，特招聘李时珍为楚王府"奉祠正"（掌祭祀礼节的官），并且兼管王府的"良医所"。在此期间，他曾治愈许多疾病，楚王多次欲重金酬谢，但都被李时珍婉言拒绝。

在长期地阅读和临床实践中，李时珍发现古代的本草书籍中对药品的记述不但繁杂而且还有很多的错误，甚至许多毒性药品，竟被认为是可以"久服延年"的药品。于是，他决心重新编纂一部内容丰富且更为可靠的本草书籍来纠正现存医药典籍的错误。

大约在 38 岁时，李时珍被举荐进了太医院作了太医院院判。当时的太医院被一些庸医弄得乌烟瘴气。李时珍在此只任职了一年，便辞职回乡。进入太医院，对他影响最大的不是这个官职，而是太医院皇家珍藏的药典医书。在那里，他读了大量的皇家药典，医药知识得到了突飞猛进的增长。

一本药典的编撰在古代是一个浩大的工程，为了做好编写的准备工作，李时珍阅读了大量参考书，家里的医书早就读完了，他就利用行医的机会，四处借书，据说还向楚王府和太医院借过书。虽然翻阅了很多书，但他发现古书中存在的一些问题和错误依然不能解决。这使得李时珍陷入了困境。

后来，在父亲的引导下，李时珍意识到要编写这部书，不仅要"读万卷书"，还要"行万里路"。于是，他开始采取"搜罗百氏"和"采访四方"的战略，深入群山沟壑，遍访名医宿儒，搜寻民间药方，收集药物标本。

就这样，李时珍经过长期的实地调查，并参考大量的医药书籍解决了许多疑难问题，终于在他 61 岁的时候完成了这部医药名著《本草纲目》。全书共 52 卷近 200 万字，收录植物药物 1094 种，矿物、动物及其他药 798 种，新增李氏药物 374 种，收录药方 10000 多个，并附有大量的绘图，这在我国医药史上是空前的。

《本草纲目》是我国古代最伟大的医药巨著之一，它全面系统地总结了明朝中期以前药物学的成就，不仅把我国医药科学提高到了一个新的水平，而且对植物学、动物学、化学以及矿物学的发展也产生了深远的影响。这部书出版之后，很快就传到国外，先后被译成日、法、德、英等十几种文字传遍世界各地。

除对医药研究外，李时珍对诊断学、针灸学、中医理论都做了深入的研究，也流下了大量的著作，如《濒湖脉学》、《奇经八脉考》以及《五脏图论》等，这些都是我国中医学的瑰宝。此外，李时珍对历史、文学上也有很深的造诣，并著有《唐律》和《诗话》等作品。

李时珍以毕生的精力为人类留下了宝贵的财富。他不仅对中医药学具有极大贡献，而且也推动着自然科学的发展。1593 年，李时珍逝世后被安葬在湖北省蕲春县蕲州镇竹林湖村。时至今日，当地的中医每年清明都要到他的墓地祭拜，甚至还有人把坟头上的青草带回家以消病灭灾。

日心说的创立者哥白尼

16世纪以前，人们普遍接受托勒密的"地心说"，认为地球是静止不动的，其他的星体都围着地球这一宇宙中心作匀速圆周运动。"地心说"很好地迎合了《圣经》中关于天堂、人间和地狱的说法，这与《圣经》宣扬的"神创论"不谋而合。因而教会借题发挥，赋予它神圣的光环，从而使"地心说"就演变成了不可撼动的"神圣经典"。16世纪初，波兰天文学家哥白尼出现了，他用太阳置换了地球在托勒密学说的地位。这无疑是刺穿"地心说"和教会权威的一把利剑，为现代天文学的到来打开了一扇天窗。

1473年2月19日，哥白尼出生于波兰维斯杜拉河畔的托伦市的一个富裕家庭。虽然他是四个孩子中最小的一个，但父亲的去世，家庭的变故，使哥白尼从小没有受到更多的关爱和呵护。好在做主教的舅舅卢卡斯心眼好，哥白尼才算有了一个完整的童年，且获得了学习知识的机会。

在舅舅的资助下，哥白尼18岁时进入克拉科夫大学学习医学。在学校，他受到人文主义者、数学教授布鲁楚斯基的熏陶，对天文学产生了浓厚的兴趣。1496年，哥白尼来到文艺复兴的策源地意大利。在这里，他遇见了对自己一生产生深远影响的天文学家福雷朗西斯。在他的谆谆教诲下，哥白尼对天文学由兴趣爱好转向了观测和研究，并抱定献身天文研究的志愿。

受舅父的推荐，哥白尼于1497年被选为弗龙堡大教堂僧正。四年后，他从意大利回国，正式宣誓加入神父团体，旋即请假再次去意大利，在帕多瓦大学学习法律与医学。1503年，哥白尼在费拉拉大学获得教会法博士学位。

一次偶然机会，哥白尼看到了古希腊人阿利斯塔克关于地球绕太阳转动的学说。是真的还是假的？这在他心里打下了一个大大的问号。为了弄清楚这个学说的真伪，他开始系统分析托勒密体系中的行星运动。结果他惊奇的发现每个行星都有三种共同的周期运动，即：一日一周、一年一周和相当于岁差的周期运动。哥白尼把这三种共同的周期运动放到地球上研究，从而消除了不必要的复杂性。在此基础上，哥白尼的思想中产生了一个新的宇宙体系，即太阳居于宇宙的中心静止不动，包括地球在内的行星都绕太阳转动的日心体系。

1506 年，哥白尼从意大利回到波兰。舅舅去世后，作为僧正的哥白尼在弗龙堡定居，并在护卫大教堂的城墙上选了一座箭楼做宿舍。他把城墙上的平台作天文台，以用来进行天文观测，这个地方后来被称为"哥白尼塔"。自 17 世纪以来，人们把它作为天文学的圣地保存下来。在这里，哥白尼写成了"太阳中心学说"的提纲，并存 1516 年写成了著名的《天体运行论》。

《天体运行论》一书详细系统地介绍了"日心说"，把统率整个宇宙的支配力量赋予了太阳，彻底明确地，并且从物理学的角度对日心地动说可能遭到的责难给予了答复，从而彻底批判了托勒密的"地心说"。但迫于教会的压力，哥白尼迟迟不敢出版这本书。直到 1541 年，他才下定最后决心，冲破一切阻力将他的著作付印。1543 年 5 月 24 日，当这部巨著印好并送到久病的哥白尼床前时，他用无力的手痉挛地抓住书本，一小时后便与世长辞了。

《天体运行论》出版之后受到教会的强烈谴责，教皇并下令将他的著作列入禁书。但这部书所产生的影响是禁止不住的。在接下的半个多世纪中，经过伽利略、布鲁诺、开普勒等人的继承、传播和发展，哥白尼的"日心说"引起的科学革命迅速席卷了整个欧洲。在这种强大历史潮流下，教会残酷黑暗的思想禁锢，已变得力不从心。1816 年，被禁止了 3 个世纪的"日心说"终于得到教会的承认，取得最终的胜利。

哥白尼的伟大成就，不仅改变了那个时代人类对宇宙的认识，而且根本动摇了欧洲中世纪宗教神学的理论基础，更重要的是，它铺平了通向近代天文学的道路，开创了整个自然科学向前迈进的新时代。正如恩格斯评价说："从此自然科学便开始从神学中解放出来，获得了新生，并开始大踏步前进。"

科学解剖学的奠基人维萨里

作为近代人体解剖学创始人的维萨里是科学革命时期两大代表人物之一，与哥白尼齐名。

1514 年 12 月 31 日，安德烈·维萨里生于比利时布鲁塞尔的一个医学世家，曾祖、祖父、父亲都是宫廷御医。他从小受家庭环境的耳濡目染，阅读了很多有关医学方面的著作，并立志要做一名伟大的医生。

青年时期的维萨里曾求学于蒙彼利埃和巴黎大学，精通古罗马医学家盖仑的著作。当时巴黎大学的解剖课是操纵在不懂医学的庸人手里的，他对如此的教学方法和这些人随随便便、乱割乱砍的解剖术非常不满，于是他经常外出寻觅尸体。因而，郊外无主坟地的残骨，绞刑架下罪犯的遗尸都成了他搜寻的目标。就这样，他不顾严寒酷暑和腐烂尸体的恶臭，冒着把被抓、被杀的危险，只是为了寻求真理。

对于所搜寻到的每一块骨头，他都如获至宝。精心包好带回学校后，又在微弱的烛光下偷偷地彻夜观察研究，直到弄明白为止。

维萨里在解剖学上的治学方法触犯了旧的传统观念、冲击了校方的陈规戒律而被开除学籍。后来，他在威尼斯共和国帕都瓦大学任教，并于 1537 年 12 月 6 日获得博士学位。

功夫不负有心人，根据他所积累的丰富经验，历经五年，维萨里于 1543 年发表了划时代的巨著《人体的结构》。在这部书中，他首次正确地描述了静脉和人类心脏的解剖，改正了盖仑关于肝、胆管、子宫和颌骨等解剖上的错误二百余处，给予了人们一个全新的人体解剖知识。从此后，解剖学才得以更加深入的发展，近代医学也在这个基础上逐步形成。

维萨里这本书的发表引起了当时的解剖学家和医生们的震惊，同时也引起了教会和以盖仑的后继者们为代表的守旧派攻击。

在教会的迫害下，维萨里在《人体的结构》一书出版的第二年，愤然离开帕都瓦前往西班牙，并担任了国王查理第五的御医，从此中断了对解剖学的研究。

但维萨里依然没能躲过教会的魔爪。1644 年，宗教裁判所以他用活人做解剖为由，判处他死刑。原因是他为一名西班牙贵族做尸体解剖剖开尸体胸膛时，监视官认定"死者"的心脏还在跳动，也就是说"死者"还没有真正的死去。维萨里百口难辩，幸因国王庇护，才免于死罪，改判往耶路撒冷朝圣。在返回途中，因航船遇险，不幸身亡，终年 50 岁。

代数符号之父韦达

韦达是法国 16 世纪最具有影响的数学家之一，1540 年出生在法国的普瓦图。年轻时他做过律师，当过议会的议员，还在西班牙的战争中为政府破译过敌军的密码。

《应用于三角形的数学定律》是韦达最早的数学专著之一，也是西欧第一部系统论述 6 种三角形函数解平面和球面三角形方法的著作之一。

在三角学的研究中，他还专门写了一篇讨论有关正弦、余弦、正切的一般公式的论文"截角术"。在这篇论文中，他首次把代数变换应用到三角学中。这就是现代数学上的三角函数。三角函数的出现是几何问题在代数上找到了表达的方式，这在数学史上具有划时代的意义。这些成绩中不论哪一项都可以使韦达在数学史上留下光辉的一页。但他最重要的贡献是系统地引入代数符号，极大地推进了代数学的发展。

在韦达生活的年代，现存的数学符号和研究方法已不能满足进一步深入研究的需要，数学的研究陷入了困境，迫切需要新鲜血液注入。为了方便自己的研究和计算，他创设了大量的代数符号，大多用字母来代替未知数。在此研究的基础上进行已知数、未知数及其乘幂的量运算，并系统阐述和改良了三、四次方程的解法，带来了代数学理论研究的重大进步。因他在数学符号方面的突出成就而被称为现代"代数符号之父"。

我们通常所说的一元二次方程根与系数的关系，即韦达定理就是在他讨论方程根的各种有理变换时发现的，这个定理的发现为方程计算找到了一个最便捷、最准确的方法。

1603 年 12 月 13 日韦达在巴黎逝世，但他创立的数学符号和发现的韦达定理永远留在了世间。

近代实验科学的奠基者伽利略

伽利略·伽利雷是意大利文艺复兴后期伟大的科学家，也是近代实验物理学的开拓者，被誉为"近代科学之父"。作为一位维护真理而进行不屈不挠的战士，恩格斯曾赞美他是"不管有何障碍，都能不顾一切而打破旧说、创立新说的巨人之一"。

1564 年 2 月 15 日，伽利略降生在意大利西部海岸的比萨城，其父亲是一位音乐家。虽然家族此时已没落了，但仍然可以说是出身名门。伽利略从父亲身上遗传了一头火红的头发以及独立和孤傲的性格。

10 岁时，伽利略被送到瓦洛姆布洛萨修道院，接受古典教育。从小喜欢机械和数学的他却很快适应了这种清净的生活，这也一度让父母担忧他成为终生僧侣。于是，在他 14 岁时，父亲将他接回了家。17 岁时，虽遵父命入比萨大学学医，但孤傲的伽利略不顾教授们反对，独自钻研古籍、进行实验。后来，家庭出现变故，无力负担学费，伽利略没有拿到毕业证书就离开了比萨大学。离开学校的他并没有放弃对科学的执著和追求。在此期间，他攻读了许多科学著作，并做了大量的实验，也发表了很多有影响力的论文，据说还发明了军用指南针。

伽利略的论文和发明受到了科学界的关注，因而他从 21 岁就开始在大学教授数学课程。1589 年，年仅 25 岁的他因发表了一篇关于固体重心的论文，在科学界引起了广泛关注。虽然没有拿到毕业证，但比萨大学仍视伽利略为自己的骄傲。于是，比萨大学将他聘为数学教授。但在第二年，他就离开了比萨大学。这是因为伽利略在比萨斜塔实验时做了一个著名的试验——"两个铁球同时落地"，发现了"自由落体原理"，这个结果严重违背了教会宣扬的思想。

离开比萨大学，他来到威尼斯的帕多瓦大学任教。这段比较稳定的生活，是伽利略从事科学研究的黄金时期。在这期间，伽利略对大量的物理学问题进行了潜心研究，比如在力的合成方面，他提出了"合力定律"；在研究斜面运动和抛射运动时，他发现了"惯性定律"，为牛顿的第一、第二定律奠定了基础。同时他还在热学和液体力学上做了深入的研究，并发明了温度计。

1609 年夏天，伽利略在前往威尼斯的途中听说：一个荷兰商人重叠两块镜片可以看清远处的景物，受此启发，那位商人制作了一架"观远镜"。伽利略听到这个消息兴奋不已，回去之后马上着手研究。在弄清原理之后，立即动手制作了一个能放大 10 倍的仪器，并给它起了一个好听的名字"望远镜"。

望远镜被发明的消息传出之后，立即风靡了整个欧洲，但伽利略更为关注的是它的科学意义。在夜里，他用自制的望远镜观察充满无限奥秘的天空。当群星闪烁的夜空、凹凸不平的月面，4 颗卫星环绕的木星等奇观映入他的眼帘时，他仿佛明白了这项发明的真正意义。

1610 年，伽利略把先前的著作和发现进行了总结整理后以通俗形式发表，取名为《星空信使》。在这本书中虽然没有指明"日心说"的观点，但在一定程度上支持了哥白尼的日心说。这部书一经发行，便在欧洲引起了轰动，这也为他带来了崇高的声誉。此后他回到了佛罗伦萨，被聘为"宫廷哲学家"和"宫廷首席数学家"。但好景不长，1613 年他在《论太阳黑子》一文中宣扬了哥白尼的日心说，再次触怒了罗马教廷，并逐渐失去了自由。从 1616 年起，伽利略开始受到罗马宗教裁判所长达二十多年的残酷迫害。

1632 年 1 月，伽利略在佛罗伦萨出版了《关于托勒密和哥白尼的两大世界体系的对话》。在这部书中，伽利略以雄辩家的文采和个人的魅力帮助确立了哥白尼日心说的地位。同年秋天，伽利略就遭到教会严刑审讯，被迫在悔过书上签字，随后被终身软禁。

在被监禁中，伽利略也从来没有放弃对真理、对科学的探索，也许这就是他的性格。1636 年，伽利略偷偷地完成了《关于两种新科学的对话》，并于 1638 年在荷兰出版。这部伟大著作论述了各种形式运动的规律，从根本上否定了亚里士多德的运动学说。

1637 年，伽利略的双目完全失明，接着他唯一的亲人——小女儿玛俐亚先他而去。在背负失明之苦和丧女之痛下，伽利略仍旧没有失去探求真理的勇气。

1642 年 1 月 8 日，78 岁的伽利略离开了人间。但他毕生所捍卫的真理和科学成就流传了下来，成为后世进一步探求真理的基石。惠更斯在伽利略研究的基础上，导出了单摆的周期公式和向心加速度的数学表达式。而牛顿在系统地总结了伽利略、惠更斯等人的研究成果后，攀上了科学的巅峰。爱因斯坦曾这样评价："伽利略的发现，以及他所用的科学推理方法，是人类思想史上最伟大的成就之一，而且标志着物理学的真正的开端！"

天空立法者开普勒

　　对人类来说宇宙是无穷的，是神秘的，虽然现代的科技如此发达，但了解到的宇宙奥秘还是微乎其微的，就像爱因斯坦所言："只有两种东西是无限的，那就是宇宙和人类的愚蠢，而对前者我还不能确定。"

　　宇宙是否无限，我们至今不得而知，但天体运动其实也遵循某种规律，它们的发现可说石破天惊，从此激起人类探索宇宙的热情。最早发现天体运行规律的就是德国天文学家开普勒，他也因此博得"天空立法者"的美誉。

　　1571 年，开普勒出生在德国的威尔德斯达特镇。12 岁时，对神学没有任何兴趣的开普勒被送到修道院学习。17 岁时进入杜宾根大学。在杜宾根大学学习期间，受天文学教授麦斯特林的影响，接受了哥白尼的日心说，并像伽利略一样，成为这一学说的热烈拥护者。

　　开普勒的一生充满了不幸，他幼年体弱多病，有一只半残的手，视力也很衰弱；中年时，他的妻子死了，儿子也染上重病，这一切遭遇使他终身贫困交加，不得不靠教书及占星算命维持生活，但是顽强的开普勒并没有被惨痛的命运压倒，他以惊人的毅力为人类做出了巨大的贡献。

　　开普勒很早就注意到距离太阳近的行星走得快，而距离较远的行星走得慢些，由此，他想到行星的运行与太阳的距离有某种关系。凭着丰富的想象力和过人的数学才能，开普勒尝试着解释这些现象，并写了一本书——《神秘的宇宙》。当开普勒把这本书寄给丹麦天文学家第谷·布拉赫后，尽管第谷对开普勒的解释不赞同，但他还是一眼就看出开普勒是一个很有前途的天文学家，于是邀他前来自己所在的布拉格天文台工作。

开普勒与第谷一见如故，大有相见恨晚之感。但遗憾的是第二年第谷就去世了。不久圣罗马皇帝鲁道夫就委任开普勒为皇家数学家，成为第谷事业的继承人。

视力不是很好的开普勒，在观测的时候遇到了很多的困难，但还是在1604年9月30日发现了在蛇夫座附近出现一颗新星。这颗新星后来被称为"开普勒新星"。3年后，他还发现了闻名世界的哈雷彗星。

开普勒是一个善于分析材料的人，他一生的工作，大部分时间都是在分析第谷遗留下来的观测资料。他在研究火星公转的时候发现，各种计算方法算出来的结果都与第谷的观测资料不相吻合。经过仔细分析，他提出一个大胆的设想：火星可能不是人们认为的匀速圆周运动，而是椭圆形的，太阳处于椭圆形中的一个焦点位置。这就是后来的行星运动第一定律。

发现了火星的运行轨道是椭圆后，他又把目光转移到了火星的运行速度上。起初，开普勒认为火星运行以相同的速率运行，可不久发现了一个问题：计算结果得出的火星位置与老师第谷观察的数据有8分弧度的差距。8分的弧度相当于火星0.02秒瞬间转过的角度。开普勒没有放过这一微小的出入，经过反复核算，8分弧度的差距依然存在。开普勒深信，老师第谷是一位对工作一丝不苟的人，他的观察数据应该经得起考验，如果与实际有出入，在反复的比较中，老师不可能没发现。由此，他想到在不同点的速率可能不同，最终得出开普勒第二定律：行星与太阳的边线在相等时间里扫过的面积相等。

1612年，罗马皇帝鲁道夫二世被迫退位，开普勒也失去了保护人，因此他不得不离开布拉格，前往奥地利林茨。但这并没有影响他对行星运动的研究，他乘胜追击，此后不久便发现了行星运动的第三条定律："行星公转周期的平方正比于轨道半长轴的立方。"并于 1619 年发表在《宇宙和谐论》中。

行星运动三大定律的发现是人类第一次为天体运动立法，标志着人类对天文的研究迈出了历史性突破，它的发现不仅为经典天文学奠定了基石，也为数十年后牛顿万有引力定律的发现打下了基础。

除天文学外，开普勒对光学也作了长期的研究，并取得了丰硕的成果，1604 年发表《对威蒂略的补充——天文光学说明》以及 1611 年出版《光学》等都是此领域的经典之作。在光学的研究中，开普勒发现阳光穿过大气的时候也会发生折射，总结出了近似折射定律的折射规律，并且正确地解释月全食时月亮出现红色现象的原因——由于一部分太阳光被地球大气折射后投射到月亮上形成的。此外，开普勒还把伽利略望远镜中的凹透镜目镜改换成小凸透镜，从而大大改进了望远镜的观测效果。

1630 年，开普勒在巴伐利亚州雷根斯堡市去世。在数十年的战争中，他的坟墓早已被毁弃。但是他"行星运动定律"是一座比任何石碑都更为久仡长存的纪念碑。

血液循环的发现者哈维

血液循环在今天人的眼里早已不是什么奥秘。但在 17 世纪 20 年代以前，这还是充满神秘的未知领域。古希腊哲学家亚里士多德曾错误地指出人体内（血管内）充满着空气。古罗马神医盖仑否定他的观点，认为血液是从肝脏一点一点地渗进血管，并因为某种压力，而不断地输送到全身。他的理论获得后世的公认，成为之后千余年人们信奉的"圣经"。

文艺复兴时期，比利时解剖学家维萨里和西班牙医生塞尔维特经过不懈努力，才推翻了盖仑的错误理论，然而他们却在教会的迫害下，双双付出了生命的代价，没能对血液到底在身体内部如何运行作出合理的解释。历史的重任落在英国医生哈维肩上，他知难而上，敢于向权威挑战，以无可辩驳的事实证明血液循环和心脏功能，这使得他成为与哥白尼、伽利略、牛顿等人齐名的科学革命时期的巨匠。

威廉·哈维 1578 年出生在英国福克斯通镇。15 岁时进入剑桥大学凯厄斯学院学习医学。1602 年，获得当时欧洲最著名的高等学府——意大利帕多瓦大学的医学证书，此后不久，他又在英国剑桥大学获得医学博士学位。

自 1603 年起，哈维开始在伦敦行医。在他的职业生涯中，与皇室建立了密切的关系，曾先后做过国王詹姆斯一世和查理一世的御医。同时也开始了对人体血液的秘密研究。

在系统地分析了前人的研究情况后，哈维首先通过一个简单的数学运算来论证血液循环的概念。他估计心脏每次跳动的排血量大约是两盎司，心脏每分钟跳动 72 次，用简单的乘法运算得出：每小时大约有 540 磅血液从心脏排入主动脉。但是 540 磅远远超过了一个正常人的整个体重，这时的哈维明显地认识到了等量的血液往复不停地通过心脏。提出这一假说后，他花费了九年时间来做实验和仔细观察。

1628 年，他划时代著作《心血运动论》的出版，标志着近代生理学的诞生。在此书中，哈维提供了大量的证据，从各个方面证明了心脏是一个可以泵出血液的肌肉实体，血液以循环的方式在血管系统中不断流动。此外，哈维还彻底否定了心脏的心室之间可以透过血液，指出右心室的血液通过肺循环流到左心室，并证实了心脏瓣膜和静脉瓣的作用。

这一部只有 72 页和两幅插图的书出版后，遭到了以教会为首的敌对派的猛烈攻击。所幸的是，英王查尔斯一世对他的学说很感兴趣，并任命他为御医，哈维最终才得以颐养天年。

一生中写过大量的科学论著的哈维，但仅有《心血运动论》和《论动物的生殖》两书及几封为《心血运动论》辩护的公开信发表。其中，1651 年发表的《论动物的生殖》记述了多种鸟类与哺乳动物胚胎的生长发育，提出"一切生命皆来自卵"的假设，标志着当代胚胎学研究的真正开始。

哈维工作标志着新的生命科学的开始，是发端于 16 世纪的科学革命的一个重要组成部分。1649 年，英国国内战争结束后，查理一世被绞死，哈维因为一直忠于查理一世而被禁止进入伦敦城。1657 年，79 岁的哈维死在伦敦郊外他的弟弟家中。

近代科学始祖笛卡尔

"笛卡尔，欧洲文艺复兴以来，第一个为人类争取并保证理性权利的人"。这是在法国首都巴黎圣日耳曼的圣心堂笛卡尔的墓碑上所镌刻的一句话，它诠释了笛卡尔一生的成就：他不仅是一名伟大的数学家，解析几何的创始人；同时也是一位出色的哲学家，他提出了"我思故我在"的格言。他把他的哲学思想融会到数学体系中，从而成为了 17 世纪欧洲哲学界和科学界最有影响的巨匠之一。

笛卡尔 1596 年 3 月 31 日出生于法国土伦的一个律师之家。一岁的时候母亲就去世了，8 岁的时候他进入了一所耶稣会学校。在接受这 8 年的传统教育时，他发现教科书中的某些论证，很微妙且模棱两可，有时候甚至出现前后矛盾的理论。于是他决定不再死钻书本学问，而要向"世界这本大书讨教"，从此开始了他探索真理的征程。

1617 年，当笛卡尔随军服役驻扎在荷兰时，成功的解决了一张公开张贴的荷兰语的数学问题，使他在数学界获得了很高的声誉，同时也激发了他继续探索真理的勇气。此后就开始了他长达二十多年的研究生涯。

解析几何的创立是笛卡尔的突出成就，然而它的创立并非是一朝一夕的事情。在笛卡尔之前几何学的思维方式还占据着主导的地位，几何学和代数学分别属于两个不同的研究领域。笛卡尔分析了它们的优缺点后认为，希腊人的几何学过于依赖于图形，束缚了人的想象力，而代数学则完全从属于法则和公式，不能成为一种促进智力的科学，所以必须把它们的优缺点互相结合起来才能建立一种"真正的数学"。

在从军时，他经常思考着代数与几何的优缺点和交叉点这一问题。有一次他躺在床上看到一只苍蝇而突发奇想到空间的坐标定位方面的问题，又联系到几何能不能也用坐标定位的方式表示出来呢？这一突发的联想为他以后创立坐标系打开了思想阀门。但是由于当时条件的限制，他对此问题的研究就暂时搁置了起来。

当生活得到稳定之后，他又开始了对这个问题的深入研究，终于创立了直角坐标系，并在1637年发表的《几何学》中进行了详细的论述。坐标系的创立是数学发展上的关节点，有了坐标系就可以用坐标的形式来描述空间上的点，这样一来直观的点就变成数字。依照这种思想他创立了我们现在称之为的"解析几何学"。

解析几何的创立表明了几何问题不仅可以归结成为代数形式，而且可以通过代数变换来实现发现并证明几何性质。代数几何的交叉融合改变了自古希腊以来代数和几何分离的趋向，从而把相互对立着的"数"与"形"统一了起来，几何曲线与代数方程相结合，使常量数学进入了变量数学时期，开拓了变量数学的广阔领域，为后来牛顿、莱布尼兹对微积分的发现开辟了道路。正如恩格斯所说："数学中的转折点是笛卡尔的变数。有了变数，运动进入了数学，有了变数，辩证法进入了数学，有了变数，微分和积分也就立刻成为必要了。"

笛卡尔的这一天才创见，奠定了他在数学史上的地位。除此之外他在哲学方面的成就也是突出的，他强调科学的目的在于造福人类，使人成为自然界的主人，提出了"我思故我在"的原则和怀疑一切的"系统怀疑的方法"，并主张把几何学的推理演绎方法应用于哲学上，认为清晰明白的概念就是真理。笛卡尔一生的成就证明了他不愧为"近代科学的始祖"。

近代化学之父波义耳

"我们所学的化学，绝不是医学或神学的婢女，也不应甘当工艺和冶金的奴仆，化学本身作为自然科学的一个独立部分，实为探索宇宙奥秘的一个方面。"这是英国化学家波义耳的名作《怀疑派化学家》中的一段话。

正是由于波义耳这部著作的出版，才使化学摆脱了冶金或医药学的从属地位，标志着近代化学的开端，同时使化学成为了一门专门探索自然界本质的独立科学。正如后世评论家所言，如果把伽利略的《对话》作为经典物理学的开始，那么波义耳的《怀疑派化学家》可以作为近代化学的开始。

罗伯特·波义耳于 1627 年 1 月 25 日生于爱尔兰西南部的利兹莫城的一个贵族家庭，父亲是爱尔兰首府科克群的伯爵和首屈一指的富翁。罗伯特是家中 14 个儿女中最小的一个，从小体弱多病，喜欢安静，酷爱读书，但是说话有点口吃。因此父亲对他疼爱有加，并专门为他请来最好的家庭教师。

1641 年，在家庭教师的陪同下，波义耳和哥哥一起游历欧洲。在此期间，他接触到了伽利略的经典名著《关于两大世界体系的对话》，深受启发，为他将来发表的名著《怀疑派化学家》奠定了基础。

提出科学元素的概念，是波义耳在化学方面的突出成就。他对"元素"这一概念，进行了重新界定，否定了四元素说和三要素说，使化学第一次明确了自己的研究对象。

"元素"这一概念最早有古希腊哲学家柏拉图提出，后经他的学生亚里士多德进一步明确形成了四要素说，即万物之源是由

火、水、气、土四种元素组成的。在过去的两千年里，这一学说曾被许多人奉为真理。后来的医药化学家们又提出了硫、汞、盐的三要素理论，也曾经风靡一时。

通过了一系列实验，波义耳发现传统的元素非真正的元素，并以不含这些"元素"的黄金为例，也不能从黄金中分解出硫、汞、盐等任何一种元素。相反的是，这些传统元素中的盐却可被分解。基于这些发现，波义耳认为元素是那些不能用化学方法再分解的简单物质。他还进一步认识到作为万物之源的元素，既不是如亚里士多德所言的只有"四种"，也不是医学化学家所说的三种，而有许多种。用现代的观点看，波义耳的元素概念实质上与单质差不多。现代元素的科学定义是具有相同核电荷数同一类原子的统称。这种科学认识已是波义耳之后三百多年的事了。

波义耳尤其重视科学实验的思想，并反复强调："化学，为了完成其光荣而又庄严的使命，必须抛弃古代传统的思辨方法，而像物理学那样，立足于严密的实验基础之上。"他把这些新观点带进了化学界，为化学的健康发展扫平了道路。

除此之外，波义耳还有几项不能磨灭的化学成就。例如化学实验中常用的酸碱指示剂就是因为他的细心观察而发现的。在波义耳的一次紧张的实验中，放在实验室内的紫罗兰，被溅上了浓盐酸，波义耳赶紧把冒烟的紫罗兰用水冲了一下，后发现了深紫色的紫罗兰变成了红色。

这一奇怪的现象促使他进行了许多花木与酸碱相互作用的实验。由此他发现了大部分花草受酸或碱作用都能改变颜色，其中从石蕊中提取的紫色浸液最明显，它遇酸变成红色，遇碱变变成蓝色。利用这一特点，波义耳制成了实验中常用的酸碱试纸——石蕊试纸。

波义耳的晚年是在病榻中度过的。虽然如此，他依然执著于他的实验，并在制取磷元素和研究磷、磷化物方面做出了突出成就，形成了当时关于磷元素性质的最早介绍。波义耳于1691年12月31日病逝。他一生以做实验或撰写论文，为最大的乐趣。

光的波动说的提出者惠更斯

惠更斯是 17 世纪荷兰著名的物理学家、天文学家和数学家，是介于伽利略和牛顿之间一位重要的物理学先驱。他一生致力于科学事业的研究，可说为科学而生，在力学、光学、数学和天文学等自然科学的诸多领域内都作出了突出的贡献，成为近代自然科学的一位重要开拓者，在整个科技发展史上有着举足轻重的地位。

1629 年的 4 月 14 日，克里斯蒂安·惠更斯诞生在荷兰海牙的一个比较富裕的大户人家，在亲人们的环绕下过着衣食无忧的生活。但他并不贪图安逸，而是经常跟着父亲潜心研究学问，13 岁时就自制出了一台车床，16 岁的时候就进入了大学学习法律和数学，并以优异的成绩获得了博士学位，不仅结识了当时的著名学者牛顿，还于 1663 年成为英国皇家学会的第一个外国学员。

惠更斯的成就是多方面的。早年的他对数学有着极大的兴趣，22 岁时就发表了关于椭圆弧及双曲线、圆周长的计算等方面的著作，并且对各种平面曲线也进行了深入的研究，展示了他的数学天赋。

光的波动说是惠更斯的主要成就。他在巴黎时就长期从事这方面的研究，在当时曾经发生了一场关于光的本性问题的讨论，这一论争推动了光学事业的发展。1678 年，惠更斯在法国科学院的一次公开演讲中推翻了牛顿的光的微粒说，并在 1690 年出版的《光论》一书中正式提出了光的波动说，建立了著名的惠更斯原理，促进了光学研究的发展。

《光论》里面所涉及的最重要的光学理论就是光波理论。他认为从波源发射出的子波中的每一点都可以作为子波的波源，每个子波波源波面的包洛面就是下一个新的波面。在此原理基础上，他发现了光的衍射、光的折射定律和反射定律，解释了光在光密介质中传播速度减小的原因，同时还画出了光进入冰洲石所产生的双折射现象图像，使人们对光的理解摆脱了只在视觉上的认识，推进了光学的发展。

惠更斯光的波动说，虽然预料了光的衍射现象的存在，也就是说它可以确定光波的传播方向，却不能确定沿不同方向传播振动的振幅，所以惠更斯原理只能说是人类对光学的一个近似的认识，直到后来菲涅耳对惠更斯的光学理论作出了发展和补充，创立了"惠更斯——菲涅耳原理"，才较好地解释了衍射现象，完成了光的波动说的全部理论。

在力学方面，惠更斯在伽利略研究的基础上对"碰撞"问题进行了研究，并在1669年提出解决了碰撞问题的一个法则——"活力"守恒原理，这一法则是动量守恒定律的雏形。在研究单摆的过程中他还提出了"离心力"的命题，这也就是后来的"离心力定律"，从而把几何学带进了力学研究的领域。在天文学方面，他因和其弟共同改造的望远镜而发现了土卫六和土星光环，分辨了猎户座星云所包含的恒星。

惠更斯的一生执著于科学研究，终生未婚，1695年7月8日在海牙逝世。

经典力学体系的建立者牛顿

牛顿是西方科学史上最具影响力的科学家。当他来到这个世界时，物理界还处于混沌无知的状态，而当他离开这个世界的时候，由于他的贡献，我们才知道世界受非常精确的数学规律所支配。当他还在世时，就被认为是超凡智慧的科学英雄，历时三百多年而从未改变。进入 20 世纪，科学家们开始向最微小的粒子——原子进军时，牛顿定律的有效性才开始被质疑。

1642 年的圣诞节，艾萨克·牛顿出生在英格兰林肯郡小镇沃尔索浦的一个农家庭里。牛顿是个早产儿，出生时非常瘦小，"甚至可以放进 1 夸脱（美国的重量单位，约 0.946 升）的水壶里"。天生羸弱的牛顿让家人一度为他担忧，谁也不会料到这个孩子长大后非常健康，且活到了与中国古代孟子一样的高龄，84 岁。牛顿是一个遗腹了，父亲在他出生三个月前就去世了，当他长到 18 个月的时候，母亲改嫁给了一个富有的牧师，并搬到威瑟姆附近居住，把还不到两岁的牛顿交给了外婆抚养。

自幼遭母遗弃的牛顿性格极为孤僻，据说他小时候曾扬言要烧死继父和母亲，把他们的房了烧得一干二净。长大之后的牛顿性格敏感内向，沉默寡言，且易怒易躁，是一个难以相处的人。

12 岁时，牛顿进了离家不远的格兰瑟姆中学读书。少时的他并不像多数科学家小时候那样有超常的天赋，而是显得资质平平，毫不显眼。后来发生了一件事，成为了他生命的转折点。有一天，一个极为蔑视牛顿的同学用拳头向他威逼挑衅，年少的牛顿一时恼怒，奋起反抗，把强大的对手打得落花流水，狼狈不堪。此后，牛顿暗下决心，要在学习上压倒那个自命不凡的家伙。从此他把全部精力都用在了学习上，成绩更是节节攀升。就在他找到学习乐趣的时候，牛顿对科学产生了浓厚的兴趣。据说他还自己动手，制作了木钟和能在空中飞行的灯。

19 岁时，牛顿在老师的推荐下，以减费生的身份进入剑桥大学三一学院。从步入大学的第一天，牛顿就把功课搁置在了一旁，而是埋头于自己的研究。结果功课尽为荒废，考试时几乎没有一门及格。这使得他的老师恼怒不已，但此时的牛顿已独自摸索到了科学的最前沿。就连刚刚传入英国的法国科学家笛卡尔的革新性数学和科学理论，牛顿对此也早已了然于心，甚至已经开始了更深层的开拓。

1665 年夏天，一场空前的鼠疫席卷了伦敦，牛顿被迫离校返乡，在家整整修养了两年。这段短暂的时光成为牛顿科学生涯中的黄金岁月。在此期间，牛顿以旺盛的精力从事科学研究。他划时代的成就：万有引力与三大运动定律、微积分、光学分析的思想都是在这时开始孕育成形的。可以说此时的牛顿已经开始着手描绘他一生重大科学创造的蓝图。

1667 年复活节后不久，牛顿返回到剑桥大学，翌年 3 月 16 日获得硕士学位。1669 年 10 月，年仅 26 岁的牛顿晋升为数学教授，并担任卢卡斯讲座的教授。尽管牛顿拥有前无古人的科研成果，但他从不张扬。只有在受到其他科学家的挑战，或是先于他发表类似理论时，他才会将自己的理论学说公布于众。

低调的科研态度是牛顿的高贵之处，但有时也会给他带来麻烦。在他延迟出版微积分论著的三十年间，德国数学家莱布尼茨也发表了自己的独立研究。于是，关于谁是微积分的创建者的争论在数学界掀起了一场轩然大波，为此两人闹得不可开交，最终皇家科学院只得出面调停。1684 年牛顿在万有引力定律和三大运动定律发表之后，类似的事件再次发生。这次争论的对手罗伯特·胡克，他宣称自己早已提出平方反比定律，并解决了天体的运动问题。他所说的也确属事实，但限于自身数学水平的局限，无法说明其中机理，最终还是失去竞争机会。

在这些争论中，牛顿终于吸取了教训。1686 年，他总结了自己在力学上的研究成果写成了著名的《自然哲学的数学原理》一书，这在科学发展史上具有划时代意义。翌年这部著作出版以后，牛顿成了家喻户晓的科学巨星，众多年轻的科研者云集到他的周围，其中有一位来自瑞士的年轻女士法蒂奥·德·迪勒。据说牛顿爱上了这位才华横溢的法蒂奥，以至于三年后她离开伦敦回国后，牛顿很长时间都处在心烦意乱之中，无法集中精力工作。

牛顿不但是经典力学理论的集大成者，还是近代光学的奠基人。他发现了光的色散现象，改进了天文望远镜。新改良的"牛顿式"望远镜不仅在性能上提高了数倍，还有效地避免了色散问题。

晚年的牛顿面对无法解释的问题陷入了迷茫，从而开始致力于对神学的研究，最终把难以解释的天体运动，归咎于"神的第一推动力"，此后，牛顿再也没有新的成果问世。1727 年 3 月 20 日，艾萨克·牛顿逝世，他的遗体被安放在英国伦敦威斯敏斯特大教堂，人们像安葬一位深受国民爱戴的国王一样为他举行了隆重的葬礼，以纪念他在科学上作出的伟大贡献。

微积分的奠基人之一莱布尼茨

戈特弗里德·威廉·莱布尼茨是历史上少见的通才，被誉为 17 世纪的亚里士多德。和牛顿一样，他也是微积分的独立发明者之一。但绝大多数人认为，莱布尼茨最大的贡献不是发明微积分，而是微积分中使用的数学符号。相比有"历史上最伟大的符号学者之一"之称的莱布尼兹来说，牛顿的符号系统太差了，以至现在我们使用的微积分通用符号大都是莱布尼茨创立的。

1646 年 7 月 1 日，莱布尼茨出生于德国东部莱比锡的一个书香之家，从小受到了良好的教育。在大学期间广泛阅读了培根、开普勒、伽利略等人的著作，并对他们的著述进行了深入的思考和评价。在听了教授讲授的欧几里得的《几何原本》的课程后，莱布尼茨对数学产生了浓厚的兴趣。

在前人工作的基础上，莱布尼茨从几何问题出发，运用分析学方法引进微积分概念，将两个貌似毫不相关的问题（一个是切线问题，一个是求积问题）联系在了一起，从中找到了运算的法则，解决了初等数学难以解决的问题。

莱布尼茨把这一研究结果写成了论文《一种求极大极小的奇妙类型的计算》，并在 1684 年 10 月发表。这就是最早的微积分研究文献，它虽然只有短短的六页，却足以彰显它划时代的意义。

在微积分的创立过程中牛顿的研究时间早于莱比尼茨，因此有人认为他有剽窃之嫌。为此，莱布尼次在 1713 年发表了《微积分的历史和起源》一文，总结了自己创立微积分学的思路，说明了自己成就的独立性。不过即便如此，关于微积分创立的优先权，在数学史上还是掀起了一场激烈的争论。

莱布尼茨在数学方面的贡献不仅局限在微积分上，他的研究及成果渗透到高等数学的许多领域。他的一系列重要数学理论的提出，为后来的数学理论奠定了基础。

作为一个举世罕见的科学天才，莱布尼茨一生在多个领域都取得了丰硕成果，对丰富人类的科学知识宝库做出了不可磨灭的贡献。由于胆结石引起的腹绞痛，1716 年 11 月 14 日，莱布尼茨孤寂地离开了人世，终年 70 岁。

把天电引到地上的科学家富兰克林

1752 年 6 月的一天，黑云压顶，电闪雷鸣，大雨马上就要到来。富兰克林和他的儿子却把一只风筝放上了高空。此时，刚好一道闪电击中风筝，富兰克林的手中掠过了一种恐怖的麻木感。此时，他意识到自己把上帝之"火"引到了人间。于是，他抑制不住内心的激动，大声向儿子呼喊："威廉，我被电击了!"

富兰克林在雷雨中把从风筝线上得到的电引入了莱顿瓶中，回去以后他用雷电进行了各种各样的电学实验，得出了雷电与人工摩擦产生的电具有完全相同的性质，从此打破了学术界比较流行的雷电是"气体爆炸"的观点。

这个结论传出之后，引起了巨大的轰动，富兰克林在世界科学界的名声大振。

富兰克林 1706 年 1 月 17 日出生于北美洲的波士顿。他的父亲原是英国漆匠，当时以制造蜡烛和肥皂为业，生有 10 个孩子，富兰克林排行第八。富兰克林 8 岁入学读书，虽然学习成绩优异，但由于他家中孩子太多，父亲的收入无法负担他读书的费用。所以，他到 10 岁时就离开了学校，回家帮父亲做蜡烛。12 岁就开始在印刷所当学徒。

在当学徒的几年，他在做工之余坚持自学了数学和 4 门外语并借助印刷厂的图书室阅读了各种各样的书籍。有时看得入迷，竟忘记了回家。这足见他学习意志的坚定。而对科学实验和观察，他更是如痴如狂，尤其可贵的是他心思缜密，这对他在科学研究上有巨大的帮助。在电学上，他不仅解答了"电为何物"的问题，他将不同状态下的电称为"正电"和"负电"，并提出了电学中的"一流论"。在大气电学方面，他通过风筝实验揭示了雷电现象的本质，被誉为"第二个普罗米修斯"。他在电学上所做的成绩是具有划时代意义的。他也因此成为蜚声世界的一流的科学家。

不仅如此，富兰克林还依据自己的"风筝试验"发明了避雷针，并在其热学研究的基础上制造了新式火炉，自动烤肉机等。他的这些发明创造，给人们的生活、生产带来了极大的方便。因而，他被美国的哈佛大学，英国的牛津大学、圣安德鲁大学等大学授予硕士学位或博士学位。富兰克林在科学上的成就很多，不只是在电学上，他在光学、声学、热学、数学、植物学、海洋学等方面也有研究，而且他还是一个理论与实践结合十分完美的人。

富兰克林不仅是一位伟大的科学家，还是一位接触社会的活动家。在美国独立战争爆发后，参加了第二届大陆会议并参加起草了《独立宣言》。1787年，他积极参加了制定美国宪法的工作，并组织了反对奴役黑人的运动。

1790 年 4 月 17 日，富兰克林在费城与世长辞，在他出殡的那一天，为他送葬的人多达两万，这充分表明了美国人民对他的痛悼之情。美国国会决定为他服丧一个月，法国国民议会也决议为他哀悼，他不仅属于美国，也属于全世界。

就这样，富兰克林走完了他人生路上的 84 个春秋，静静的躺在教堂院子里的墓穴中。后人在他的碑文中这样写到："从苍天处取得闪电，从暴君处取得民权。"这两句碑文概括了他一生中的两件最辉煌的事业。

数学史上四杰之一欧拉

科学家大多都很多产，一生写下几十部书不算稀奇的事，但是能写出886本书的恐怕就只有瑞士数学家欧拉了。他从19岁开始发表论文，直到76岁，利用半个多世纪的时间为后人留下了浩如烟海的书籍和论文，这在科学史上是极为少见的。

欧拉于1707年4月15日出生于瑞士的巴塞尔一位牧师的家庭，父亲是一个数学家。从小受家庭环境的影响，他对数学产生了浓厚的兴趣。欧拉天生聪慧，13岁时便就读巴塞尔大学，15岁获得学士学位，次年获硕士学位。

离开学校后的欧拉在瑞士没有找到合适的工作。1727年，他应邀到俄罗斯圣彼得堡做著名教授丹尼尔的助手。1731年，他领导理论物理和实验物理教研室的工作。两年后，年仅26岁的欧拉接替丹尼尔，成为彼得堡科学院数学部的领导人。

在彼得堡科学院期间，欧拉勤奋地工作，取得了很多研究成果。1735年，欧拉使用自己发明的新方法，仅花了三天时间就计算出了一颗彗星的轨迹。长时间的持续工作使他在这一年右眼失明，但这并没有降低他对科学研究的热情。1736年，欧拉出版了《力学，或解析地叙述运动的理论》，提出质点或粒子的概念，同时，他还创立了分析力学、刚体力学，丰富和发展了牛顿的经典力学。

18世纪中期，在研究物理问题过程中，欧拉写成了《方程的积分法研究》，创立了微分方程这门学科，并在此基础上对函数用三角级数表示的方法和解微分方程的级数法等等进行了深入地研究。

1766年他在出版的《关于曲面上曲线的研究》中，建立了曲面理论，给出了空间曲线曲率半径的解析表达式。这篇著作在微分几何发展中占有重要地位，是微分几何发展史上的一个里程碑。

长期而繁重的科学研究，使他的左眼也慢慢失去了光明，但他仍然没有放弃科学研究。1768 年，他在圣彼得堡出版了《积分学原理》第一卷。两年后第三卷出版，并且口述完成了《代数学完整引论》，这部书在数学界引起了一番浪潮，几乎成为整个欧洲人学习的教科书。

在天文学上，欧拉对月球运动及摄动问题进行了研究。创立了月球绕地球运动地精确理论，解决了连牛顿都没有解决月球运动的疑难问题。为了提高天文观测的效果，他还对天文望远镜、显微镜进行了研究。

欧拉是科学历史上著作最多的数学家，除了写大量的研究性论文外，他还写了大量数学方面的课本，如《微分学原理》、《积分学原理》、《无穷小分析引论》等都成为数学史上的经典著作，其中《无穷小分析引论》为他赢得了"分析学的化身"的美誉。

欧拉是 18 世纪最杰出的数学家，他不仅为数学的发展作出了不可磨灭的贡献，还把数学的理论和方法推广到了物理学的各个领域。数学界把他和阿基米德、牛顿和高斯并称为数学史上的"四杰"。1783 年 9 月 18 日欧拉在俄国圣彼得堡突然疾病发作离开了人世，终年 76 岁。

双名制命名法的创建者林奈

由于十六、十七世纪的地理大发现，海外航行和贸易迅速发展，动植物标本的采集和积累不断增加，许多航海归来的生物学家和博物学家带回世界各地的动植物，并用自己的喜好为之命名，由此便造成了一物多名，或异物同名的混乱现象。

这种混乱现象对生物学的发展非常不利，所以迫切需要发展分类工作，建立科学的命名方法。林奈的《自然系统》一书，就担当起了这个任务，他也因此被称为分类学之父。

卡尔·冯·林奈于1707年5月23日生于瑞典斯马兰德，生活在中国李时珍之后一百多年，是一位自然学者。他们两个人虽然都是医生和植物学家，但是遭遇却完全不同。李时珍生活在科学人才备受压抑的封建社会的末期，他花费几十年心血写的《本草纲目》，生前竟得不到出版。而林奈生活在科学人才备受鼓励的资产阶级发展时期，有人帮助他学习，资助他考察，请他当大学教授，并多次遇到"伯乐"，相比之下他可称得上是时代的幸运儿。

在中国先哲们的心目中，人是独立于自然万物之外的。而古希腊哲学家柏拉图认为，人只是自然万物中的一个品种，是一种身上无毛的两足动物。柏拉图的学生亚里士多德在其《动物学》一书中第一次把人划进了动物界中。尽管亚里士多德还对动物做了属和种的进一步分类，但他记载的种类太少，还算不上真正意义上的科学分类。

林奈在前人研究的基础上进行了继承和创新，首次采用了"双名命名制"，即二名法，把过去紊乱的植物名称，归于统一，创立人为分类法，并广被采用。直至十九世纪才为自然分类法所取代。这种分类方法使已知的各种生物可以排成一个有规则的系统，结束了过去生物学在分类命名上的混乱现象。

在1735年出版的《自然系统》一书中，林奈把自然界存在的植物、动物、矿物三大类，分为纲、目、属、种，实现了分类范畴的统一。他以种为分类的最小单位，根据花的数量、形状和位置，再分成属。根据各属子实体的主要特征划分为纲，并把容易概括的属列为纲以下的目。这就形成林奈闻名于世的性系，其中纲主要取决于雄蕊数，不根据雌蕊数。对动物界的分类，林奈没有提出任何共同适用的原则。但是，他把鲸归入四足类共采用哺乳类的名称。他还把人和四足动物同样列入哺乳动物纲，并把人和猿猴一起列入了灵长目。

林奈对生物学的贡献是划时代的，对于我们人类认识自身在自然万物中的位置具有决定性的意义。可以毫不夸张地说，是林奈给人做出了科学的定位。自此，世界上的每一个民族或人类个体都可以通过界、纲、目、属、种、亚种逐级找到自己在自然界的位置。从生物属性上说，人不再是独立于自然万物之外的幽灵，也不是什么天神的特殊造物，她仅仅是生命长链上的一个活环，是生物之树上的枝条，如果没有其他物种的支撑，人类这个枝条也将枯萎，无法在天地间独存。恩格斯评价说，植物学和动物学由于林奈而达到了一种近似的完成。

林奈是一位博学大家，他除了在医学、生物学、地理学等方面作出了很大贡献以外，也为其他学科做出了很大贡献。1739年，他和其他学者一起创建了瑞典皇家科学院，旨在代表瑞典经济界的利益促进科学研究。他还编写了一部有关瑞典民俗、重点介绍瑞典民间舞蹈的书籍，为民俗学研究也做出了贡献。1778年1月10日，经历一系列中风之后，林奈在瑞典乌普萨拉去世。

电学定量研究的开拓者库仑

查利·奥古斯丁·库仑是 18 世纪最伟大的物理学家之一，1736 年 6 月 14 日生于法国昂古莱姆。1761 年毕业于皇家军事工程学校后，作为军事工程师服役多年。1782 年，当选为法国科学院院士。

库仑兴趣广泛，在结构力学、梁的断裂、材料力学、扭力、摩擦理论等方面都作出过贡献，他发现的库仑定律是电学发展史上第一个定量规律，也是一座重要的里程碑，它使电学的研究从定性进入到定量阶段。

1773 年法国科学院悬赏征求改进船用指南针的方案，库仑在研究静磁力中，提出了改良的方法。他仔细研究了指南针中磁针支架在轴套里的状况：用细头发丝或丝线悬挂磁针，敏锐的观察力使他注意到温度对磁体性质的影响。接着他又发现了丝线扭转时的扭力和针转过的角度成比关系，从中受到了很大的启发，发明了扭秤。

扭秤的作用就是能以极高的精度测出非常小的力，这一发明为他的下一步实验提供了必备的试验仪器。1785 年，库仑用自己发明的扭秤建立了静电学中著名的库仑定律，即：空中两个静止的点电荷之间的作用力与这两个电荷所带电量的乘积成正比，作用力的方向沿着这两个点电荷的连线，同号电荷相斥，异号电荷相吸。

在发现库仑定律之后的四年里，他

在电荷间的作用力方面也作了深入的研究，并借助皇家科学院精密的仪器做了大量的试验，发表了很多相关的论文。1789年法国大革命爆发，库仑隐居在实验室里坚持着自己的研究。就在这一年，他的一部重要著作《电气与磁性》问世，在这部著作里，他把有关两种形式的电的理论发展到磁学方面，在此基础上他归纳出了类似于库仑定律的两个磁极相互作用的定律。

库仑一系列研究成果的问世人人缩短了电学与磁学之间距离，并找到了电和磁的计量方法，将牛顿的力学原理扩展到电学与磁学中，为电磁学的发展、电磁场理论的建立开拓了道路。在他的这些发现过程中扭秤起着不可代替的作用。

库仑不仅在力学和电学方面做出了重大贡献，他还是一位著名的工程师，在工程方面也作出过重要的贡献，他曾设计了一种水下作业法。这种作业法与现代的沉箱类似，在当时的工程建设中得到了广泛的应用。这些重大成果的发现，推动了物理学的发展，也使他足以成为十八世纪最伟大的物理学家之一。1806年8月23日，库仑因病在巴黎逝世，终年70岁。后人为了纪念他，把电量的单位以库仑的名字命名。

恒星天文学之父威廉·赫歇尔

威廉·赫歇尔于 1738 年 11 月 15 日出生于德国的汉诺威，他有五个兄弟姐妹，排行第三。他的父亲是军乐队一名吹双簧的乐师，在他 4 岁的时候就教他拉小提琴，稍大一点就开始教他吹双簧。他的父亲不仅教给孩子们乐理知识，还给他们指点星空讲解天文知识，在家庭环境的耳濡目染下，幼时的威廉就喜欢上了宇宙，并走向了天文探索这条道路。

1756 年，英法"七年战争"爆发。赫歇尔为躲避战争，过上了流浪的生活。在异乡，衣食无着的威廉只得演奏乐器和教授音乐为生。但这并不能阻止他对无限宇宙的向往，没有条件他就自己创造条件。开始他先借用别人的小望远镜进行观测，在观测的过程中，随着他对视野要求的不断增大，穿透星空的欲望也同时在膨胀，小小的望远镜已不能满足他的观测要求。

1762 年，战争结束了，他的生活也就稳定了下来，开始研制大型望远镜。1774 年 3 月，赫歇尔在妹妹卡洛琳的帮助下，终于制作出了第一架大型反射望远镜，口径为 12.7 厘米，焦距达 1.7 米。这架望远镜为了减少光的损失，省去了牛顿式平面副镜，改造后的望远镜被称作"赫歇尔式望远镜"，他就是用这种望远镜取得了举世瞩目的成就。

赫歇尔在 1781 年，用 2.1 米左右望远镜观测到了天王星，并最终确认它是土星之外的大行星。这是天文学家用望远镜探测到的太阳系中的第一颗新行星，从此他声名大振。同年，土星的两颗卫星和天王星的两颗卫星又先后被他发现。

制造望远镜的一代宗师威廉·赫歇尔，他用毕生的精力来进行望远镜的制作，共磨制了四百多块反射镜面。在制作望远镜上最值得称道的是他制作了一架大型的金属反射望远镜口径达 1.22 米，长达 12 米，这是威廉研制的望远镜之最，也是当时世界之最。威廉除了有这些重大发现之外，还在银河系的结构研究上做出了巨大的贡献，并首次确定了银河系的形状、大小以及星星的数量，还找到了太阳空间运动的向点，为近代天文学的发展奠定了基础，被后人誉为"恒星天文学之父"。

威廉的一生都陶醉在这有着无限奥妙的星空中，不知老之将至，他 50 岁才成婚，娶的是一位曾大力资助他研制大型望远镜的富家寡妇。至于他的妹妹卡洛琳，对天文更是一往情深，终身未嫁。

氧气和氯气的发现者舍勒

卡尔·威尔海姆·舍勒1742年12月19日出生于瑞典南部的斯特拉尔松，是18世纪中期到后期的著名的化学家，氧气的发现人之一。他一生竭尽全力于化学，认为化学是一种值得为之献身的学问，是他一生奋斗的目标。

由于家境贫寒，舍勒只勉强读完了小学。为了生计，14岁的他不得已来到了哥德堡一个药剂师包煦那里当学徒。药店的老药剂师马丁·鲍西是一位好学的长者，实验技术精湛。在他言传身教下，舍勒的知识和实验技术进步极为迅速。在工作之余，舍勒读了当时流行的制药化学著作，还学习了炼金术和燃素理论的有关著作，并且自己动手，制造了许多实验仪器，利用晚上的时间做各种各样的实验。

舍勒一生最大的贡献是发现氧气并测定了空气的成分。1773年，他分别用两种方法制得了氧气。第一种方法是将硝酸钾、硝酸镁、硝酸汞等硝酸盐加热得到氧气；第二种方法是将黑锰矿和硫酸盐共热得到氧气，并为氧气取名为"火空气"。

在实验中，舍勒证明出空气中也存在"火空气"，且占空气总体积的五分之一。此外，他还用硫黄燃烧除去空气中的氧气，得到氮气，并称之为"浊气"，占空气体积五分之四。十分可惜的是舍勒始终墨守陈陋的燃素说，因此，对自己伟大的发现，作了错误的解释。

舍勒除了发现了氧、氮等以外，还发现了，氯气、砷酸、铝酸、钨酸、亚硝酸，他研究过从骨骼中提取磷的办法，还合成过氰化物，发现了砷酸铜的染色作用。后来很长一段时间里，人们把砷酸铜作为一种绿色染料，并把它称为"舍勒绿"。

除此之外，舍勒还是近代有机化学的奠基人之一。1768 年，他证明植物中含有酒石酸，但这个成果因为瑞典科学院的忽视，一直到 1770 年才发表。舍勒还从柠檬中制取出柠檬酸的结晶，从肾结石中制取出尿酸，从苹果中发现了苹果酸，从酸牛奶中发现了乳酸，还提纯过酸。统计表明，舍勒一共研究过 21 种水果和浆果的化学成分，探索过蛋白质、蛋黄、各种动物血的化学成分。当时的有机化学还很幼稚，缺乏系统的理论支持，在这种情况下，舍勒能发现十几种有机酸，实在难能可贵。

舍勒一生成就颇丰。据统计，他发现的新物质达 30 多种，这在当时是绝无仅有的。

由于舍勒经常处在贫穷之中，大量的实验上作又是用简陋的仪器在寒冷的试验室中进行的，且多是在夜里进行的，这大大损害了他的健康，使他在 1786 年 5 月 21 日过早地病故，年仅 44 岁。

化学革命家拉瓦锡

拉瓦锡是法国著名的化学家，近代化学的重要奠基人之一。凭着天才的思想，敏捷的思维，加上执著勤奋的精神，他把处于混乱状态的化学发明、发现，整理得有条不紊，为现代化学的形成打下了坚实的基础。

1743 年安图瓦·罗朗·拉瓦锡出生于巴黎，他的父亲是一位颇有名气的律师，并且希望拉瓦锡也能从事律师这一行业。如父亲所愿，年仅 20 岁的拉瓦锡就取得了法律学士学位，并且获律师从业证书。但他并没有马上去当律师，而是研究他所喜爱的植物学。由于经常上山采集标本，他又对气象学产生了兴趣。在地质学家葛太德的建议下，拉瓦锡拜巴黎著名的化学教授鲁伊勒为师。从此，拉瓦锡就和化学结下了不解之缘。

在老师的指导下，拉瓦锡的进步神速。1768 年，他在《巴黎科学院院报》上发表了关于对石膏研究的成果，并指出石膏是硫酸和石灰形成的化合物，加热时会放出水蒸气。在用天平仔细称量不同温度下石膏失去水蒸气的质量中，他总结出质量守恒定律，并成为他进行思维、实验和计算的基础。为了表明质量守恒的思想，他开始用等号而不用箭头来表示物质的变化过程，这正是现代化学方程式的雏形。

质量守恒定律的发现并不是一个偶然，早在拉瓦锡出生之时，俄罗斯科学家罗蒙诺索夫就提出了质量守恒定律，在当时称之为"物质不灭定律"。但是由于当时俄罗斯的科学比较落后，西欧对沙俄的科学成果也不重视，再加上"物质不灭定律"缺乏一些丰富的实验根据，所以在当时并没有得到广泛传播，拉瓦锡正是在此研究基础上进行了许多实验与总结，最终才完善了这一定律。

在质量守恒思想的指导下，拉瓦锡又做了很多实验，在对氧气的研究中发现，燃烧时增加的质量恰好与氧气减少的质量相等。从而证明了燃烧是可燃物与氧气化合，彻底推翻了燃素说。1773 年 2 月，他在实验记录本上写道："我所做的实验使物理和化学发生了根本的变化。"他还将新化学命名为"反燃素化学"。

1777 年，拉瓦锡在《燃烧概论》中全面系统地阐述了燃烧的氧化说，将燃素说倒立的化学正立过来，得到了科学界的普遍接受，逐渐扫清了燃素说的影响。

此外，拉瓦锡在科学实验的基础上建立了化学元素的概念，否定了古希腊哲学家的四元素说和三要素说。1789 年在历时四年写就的《化学概要》里，拉瓦锡列出了第一张元素表，将化学方面所有处于混乱状态的发明创造整理得有条有理，标志着现代化学的诞生。

1789 年法国大革命爆发，拉瓦锡由于曾经担任过包税官而自首入狱，被诬陷与法国的敌人有来往，犯有叛国罪，于 1794 年 5 月 8 日处以绞刑。一位科学巨星就此陨落，对此他的朋友法国数学家拉格朗日痛心疾首地说，"他们可以一瞬间把他的头割下，而他那样的头脑一百年也许长不出一个来。"

近代原子学说的奠基人道尔顿

化学是在近代兴起的一门重要学科，无数的科学先驱为这门学科奠定了理论基础，英国物理学家、化学家约翰·道尔顿就是其中的一位。他既具有敏锐的理论思维，又具有卓越的实验才能，尤其在对原子的研究方面取得了非凡的成果，因而被称为"近代化学之父"。

道尔顿1766年9月6日出生在英格兰一个穷乡僻壤，他的父亲是一位纺织工人，母亲生了6个孩子，一家生活十分困顿，道尔顿的一个弟弟和一个妹妹都因为饥饿和疾病而夭折。道尔顿勉强上完了小学，后就因贫困而不得不辍学。但他酷爱读书，在一个叫鲁滨逊的帮助下，学识大有提高。后来利用担任教会助理教师的机会，发奋读书，涉猎广泛，这种勤奋学习为其以后的教学和科研奠定了坚实的基础。据说在这所学校的12年当中，他读的书比以后50年的还多。

道尔顿一生最主要的成就是提出了科学原子论。在他之前最早提出原子论的是一位古希腊哲学家德模克利特。德模克利特认为物质是由许多微粒组成的，这些微粒是不可分割的，叫做原子。近代科学巨人牛顿也是一位原子论者，但他笔下的原子乃是一些大小不同而本质相同的微粒。道尔顿则认为相同元素的原子形状和大小都一样，不同元素的原子则不同，每种元素的原子质量都是固定不变的，原子量是元素原子的基本特征。

这一理论的提出把纯属臆测的原子概念变成一种具有一定质量的、可以由实验来测定的物质实体，对原子论有了本质的发展，并且清晰的解释了当时正被运用的定比定律、当量定律，很快成为化学家们解决实际问题的重要理论。

道尔顿的原子论发表以后，在整个科学界引起了重视和推崇。各种荣誉纷至沓来，1816 年法国科学院选道尔顿为外国通讯院士。1822 年英国皇家学会增选他为会员。其后他先后被聘为柏林科学院名誉院士、莫斯科自然科学爱好者协会名誉会员、慕尼黑科学院名誉院士。但道尔顿对此没有丝毫兴趣，继续从事原子论研究，依然过着那种简朴而紧张的隐居式生活。

除了发现了原子论，道尔顿还发表过一篇研究色盲的文章，提出人类中存在色盲这一病症。有关这项发现还有个有趣的小故事。圣诞节时道尔顿为了表示自己对母亲的孝敬，为母亲买了一双深蓝色的袜子。当他送给母亲时，母亲厉声责问他，为什么买一双红袜子。依照当地的习俗，妇女禁用红色。由此道尔顿才发现自己辨色能力不正常，发现他的哥哥也一样，另有一些人也具有这一病症。为此他撰写了论文，提出色盲这一病症，所以直到现在英国依然将色盲症说成道尔顿症。

从 21 岁起，道尔顿坚持记气象日记，直到逝世前一天，整整坚持了 57 年。由于其长期观测气象，研究气体的物理性质，因而提出了热膨胀定律。

晚年的道尔顿思想变得有些僵化、故步自封，对法国化学家盖·吕萨克在原子论的影响下发现了气体反应的体积定律、意大利物理学家阿佛加德罗建立了分子论进行了无情的抨击和反驳。尤其是对瑞典化学家贝采利乌斯创立元素符号，道尔顿一直到死都是其反对派。

道尔顿是一个终身未娶、没有后人也没有钱财的人，他将自己一生的热情和精力全部奉献给了科学。1844 年 7 月 26 日晚，道尔顿病逝。虽然他的后半生对科学贡献不大、甚至阻挠别人的探索，但他对促进科学发展方面所做的贡献是不可磨灭的。

诚如恩格斯所言，"在化学中，特别感谢道尔顿发现了原子论，已达到的各种结果都具有了秩序和相对的可靠性，已经能够有系统地，差不多是有计划地向还没有被征服的领域进攻，可以和计划周密地围攻一个堡垒相比。"

"灾变论" 的创立者居维叶

  提起古生物，人们通常会想起"灭绝"这个词，例如恐龙和猛犸象。这些曾经在地球上走动过、跳跃过的古生物的灭绝，时刻提醒着人们对当今濒临危险动物的保护。在二百多年前，人们不相信这些没有见过的生物在地球上生活过，更不会相信动物可能会遭遇灭绝的观点，法国古生物学家乔治·居维叶则认为那些不知名的古生物的确存在过，并且是在一些灾难性事件后永远消失了。

  居维叶是一位新教徒，但在天主教为国教的法国，他却能得到至高的荣誉和稳定提升，这也许是因为他是欧洲那个年代不可替代的科学家的原因。1769 年 8 月 23 日出生于法国蒙贝利亚尔的居维叶，自幼便有神童之称，4 岁时就被布丰百科全书式的巨著《自然史》中描述的各种各样的动植物所吸引，并从中学到多种自然知识。14 岁时就进入斯图加特大学，成为当时该校年龄最小的一名大学生。

  从学校毕业后，父亲帮他在法国诺曼底寻求了一个贵族家庭教师的职位。在这里他有了足够的时间从事自然历史的研究，同时他还结识了一位动物学家。次年，这位动物学家在巴黎的自然历史博物馆为他谋求到了一个职位。经过一场恰如其分的争论之后，居维叶及时地提出了自己在诺曼底已有的研究成果。作为颇具天赋的教师，居维叶很快就被提升为教授。时隔不久，他就在那里做出了卓越的贡献。1803 年，他被任命为物理及自然科学协会的永久秘书。

  18 世纪末 19 世纪初，解剖学已经发展到十分完善的程度。居维叶在这个时候也对解剖学产生浓厚的兴趣。不过他更为注重动物身体的一部分和另外一些部分的必然关系，据说他能从仅存的一块儿骨骼，推测出其他骨骼的形状和结构，从而复原动物的本来面目。这在现代技术下也是很难实现的，他也因此被称为是比较解剖学的创始人。

在对比较解剖学的研究中，居维叶根据动物的内部结构，把动物界分成脊椎动物门、软体动物门、节肢动物门和辐射动物门四大门。后来，他把这种分类推及到了化石上来，成为提出化石分类系统的第一人。居维叶先后对"地懒"和"飞龙"化石进行了分类，并确定了它们的亲系。由于这些贡献，居维叶被誉为古生物学的奠基人。

虽然居维叶在解剖和古生物学上有如此高的成就，但他并不是一个进化论者。对化石群形成的原因，他只相信《创世纪》的经文，这也是他成为一个典型的永成论者，并认为存留下来的生物是神的干预才得以存活。在后来的研究中，居维叶提出了四次灾难，成为"灾变论"的创立者。

在科学上居维叶取得卓越的成就，在解剖学界俨然就是一个知识的独裁者，波旁家族不得不任用他，任命他为帝国大学的校长。1818年居维叶被选入法国研究院。1831年，被授予男爵，次年又封为内阁总理，遗憾的是没有能任职就离开了人间。

在政治上，居维叶是一个传奇式的人物。虽然他生活在法国政局最为动荡的年代，且在他大部分时间里，他都在出任政府的大臣、部长等职位。但这与他的科学贡献相比是微不足道的，居维叶理论著述颇多，材料收集非常广泛，为后人的研究留下了宝贵的财富和经验。他生前的影响遍及西方世界，被誉为"第二个亚里士多德"和脊椎古生物之父。

晚年的居维叶在被冠以各种荣誉下变得同执起来，甚至有些傲慢。1832年5月突然瘫痪的居维叶没过几天就去世了，当"适者生存"的进化论被广为人知的时候，他的光辉也渐渐地黯淡了下来。不过在生物科学史上，他建立的脊椎类古生物学，填平了地球科学与生物科学之间的鸿沟，是值得纪念的。

近代地理学的创建人洪堡

1799 年 6 月 5 日，载着两位年轻的学者的"毕扎罗"号巡洋舰，由西班牙向大西洋对岸的新大陆缓缓驶去。其中为首的就是亚历山大·冯·洪堡，另一位是法国植物学家邦普朗。他们在委内瑞拉的库马纳港登陆，开始了长达 5 年之久的科学考察旅行。正是这次不同寻常的旅行，奠定了洪堡在地学界前无古人的地位，开创了近代地学特别是自然地理学的新纪元。

洪堡于 1769 年 9 月 14 日出生在德国柏林特格尔庄园，父亲是宫廷的大臣，家庭地位显赫。在父母眼里，小时候亚历山大·冯·洪堡没有哥哥聪慧、稳重和好学。但他从小就很有性格喜欢独自观察各种植物，尤其是对地图上陆地和海洋的形状充满了兴趣，并梦想到遥远的美洲旅行，去体验多彩神奇的大千世界。

1787 年，为了家族的尊严和父母的心愿，洪堡进了法兰克福大学攻读矿业，后转入哥廷根大学继续学习矿业。在大学里，洪堡结识了一位曾在南半球的海洋上航行过的老师乔治·富斯特。在课堂上，洪堡被他讲的那些惊险而又刺激的冒险故事和异地的人情风物所深深吸引。他们的相互交往，更加刺激了他心存已久的梦想，坚定了他探索大自然的信念。

大学毕业后，他无法忍受无聊的工作，下决心远行考察。1795 年，他先后到意大利和瑞士作植物学和地质学的考察。翌年，他开始漫游世界。这次旅行走遍了西欧、北亚，尤其1799～1804年在中、南美洲的旅行考察，其总行程达6.5万公里，相当于绕行地球一圈半，它成了洪堡开创人生伟大事业的转折点。1804年，他带着丰富的资料和标本回到了欧洲。

1808年，对探险和旅行无比热爱的洪堡在巴黎定居，开始了资料的整理，在这些日子里，他的著作一部接一部地出版，如著名的《1799～1804年新大陆热带区域旅行记》30卷，《植物地理论文集》、《新西班牙王国地理图集》等。此外，他根据自己的测定并结合前人的资料，绘制了第一个全球等温线图，为全球的气候研究提供了一个科学的参考依据。

1827年，洪堡回到柏林，他的私人财产由于他的旅行和印刷发行他的科学论著而耗尽了。因此，他接受了普鲁士王宫一个宫廷大臣的职位。两年以后，年过花甲的业历山大·冯·洪堡接受俄国政府的邀请，加入了西伯利亚旅行的队伍，创下了历时25个星期行程达15480公里的壮举。不久之后，著名的《中央亚细亚》问世。

被视为勇气与智慧完美结合的科学家，洪堡既有徐霞客那样不畏艰险游历万千山川的雄心，又具有沈括一样广博的学识。他涉足的科学领域非常广泛，如天文、地理、生物、矿石等等，并在各领域中都做出了巨大的贡献。此外，他还为植物地质学、气象学、火山学的产生和发展奠定了基础，并成为其学科的创始人之一。

晚年的洪堡，把全部的精力都集中在他的毕生大作《宇宙》上。这部书全面地描述了地球的自然地理以及人情风俗。它出版后，有力地驳斥了当时倡导白种人为优等民族且极其风行的《人种的不平等》一书，开创了近代地理学之先河。

19世纪科学界中最杰出的科学人物之一的洪堡，为科学奉献了一生。虽在世间生活了90个春秋，但终生未娶。作为德国的瑰宝，亦是世界之瑰宝，传奇色彩的一生使他享有多个美誉，如"哥伦布第二"，"科学王子"和"新亚里士多德"等等。

电动力学的奠基者安培

1820 年电流的磁效应被发现以后，电磁领域迅速成为物理界最热闹的地方，法国物理学家安培当然也不会放过这个机会。他经过 6 年的反复试验和数学推敲之后，提出了著名的"安培定律"，为电磁学开辟了一个更为广阔的天地。

1775 年 1 月 22 日，安培生于里昂一个富商家庭。安培是个数学奇才，很小的时候就学会了数学的基本知识，12 岁就开始学习微积分，18 岁时已能重复拉格朗日的《分析力学》中的部分计算。24 岁开始在里昂教授数学，并开始对数学进行系统地研究，后来撰写了概率论的论文，不仅引起了社会上的广泛注意，同时也为他在电磁学上的研究打下了坚实的数学基础。

安培最主要的成就集中在 1820～1827 年对电磁作用的研究上。在这七八年间，安培发现电流的相互作用规律、提出了右手定则（后被命名为安培定则）、发明了电流计、总结出安培定律等一系列重大突破。经他的努力，电磁学像拨云见日一样，变得无限的开阔。

在这么短的时间内，安培能取得如此大的成果，这在科学史上是不多见的，这当然和他的勤奋是分不开的。他工作不但勤奋刻苦，而且专心致志，甚至达到忘我的程度。据说有一次，安培在通往他任教的学校路上，一边走一边思索着一个电学问题。当经过塞纳河的时候，他随手拣起一块鹅卵石装进口袋。过一会儿，他又掏出那块"石头"扔到了河里。当他到学校后，走进教室，习惯地掏怀表看时间，却发现拿出来的是一块鹅卵石，而扔进了塞纳河的是自己的怀表。

关于他忘我思考，还有一个流传更为广泛的故事。一次，安培在街上散步，走着走着，想出了一个电学问题的算式，但找不到计算的地方而心急如焚。突然，他发现面前有一块"黑板"，就迫不及待地拿出粉笔，在上面运算起来。原来那"黑板"是一辆马车的车厢背面。马车走动了，他也跟着走，边走边写；马车越来越快，他就跑了起来，一心一意要完成他的推导，直到他实在追不上马车了才停下脚步、失望地望着远去的"黑板"，却没有觉察到笑得前仰后合的路人。

1827年安培将他的电磁现象的研究综合在《电动力学现象的数学理论》一书中。这是电磁学史上一部重要的经典论著，对以后电磁学的发展起了深远的影响，麦克斯韦称赞安培的研究工作是"科学上最光辉的成就之一"，还把安培誉为"电学中的牛顿"。

安培的成就是多方面的，在数学和化学方面也有不少贡献。他曾研究过概率论和积分偏微方程。他几乎与戴维同时认识元素氯和碘，并论证过恒温下体积和压强之间的关系，还试图寻找各种元素的分类和排列顺序关系。

1836年6月10日，安培因患急性肺炎，医治无效，在马赛去世，终年61岁。后人为了纪念他在电磁学上的杰出贡献，将电流的单位命名为"安培"。

电流磁效应的发现者奥斯特

1820 年 4 月的一个晚上，作为大学物理教授的奥斯特举办了一次讲座。讲座快结束时，抱着试试看的心情做了一个演示实验。他把一根很细的铂丝放在一个被玻璃罩罩着的小指南针的上方。接通电流的一瞬间，他惊奇的发现，指南针转达动了一下。这正是他苦苦求证的电流磁效应，这一现象的出现对他来说真的太突然、太意外了，真是"踏破铁鞋无觅处，得来全不费工夫"。

台下的听众没有人注意到奥斯特的惊喜，只是对他突然一惊，差点儿从台上摔下来感到滑稽好笑。奥斯特可顾不上这些，他的心只专注在刚才磁针的一跳上。这一跳已充分说明在接通电流的瞬间，铂丝产生了磁场，从而引起磁针转动。

在接下来的三个月里，奥斯特反复做了多次这样的实验以证实这一现象。1820 年 7 月 21 日，他正式向学术界宣告发现了电流磁效应。

电流磁效应的发现简直就是石破天惊，在当时整个物理界引起了强烈的反应。要知道，自从法国物理学家库仑提出电和磁有本质上的区别以来，很少再有物理学家会去考虑电与磁之间的联系，就连法国当时的大物理学家安培和毕奥等人也一直这样认为。电流磁效应的发现，对他们来说无意如当头一棒，将他们敲醒。

电流磁效应的发现就像是引爆了电磁学的"火药桶"，一系列的新发现接踵而来。安培发现了电流间的相互作用，提出了安培定律，阿果拉发明了电磁铁，施魏格发明了电流计等等，物理学的一个全新领域——电磁学，从此宣告到来。正如安培所言，奥斯特先生已把他的名字和一个新纪元联系在一起了。奥斯特凭着这一发现，获得了该年度英国皇家学会科普利奖章，并于1829年起荣任哥本哈根工学院院长。

1777年8月14日，奥斯特出生于丹麦兰格朗岛鲁德乔宾的一个药剂师家庭，从小就爱好科学。为了实现自己科学的梦想，他于1794年考入了哥本哈根大学，1799年获博士学位。此后几年他去德、法等国访问，结识了许多物理学家及化学家，在从中了解到当时电磁研究状况的同时，也和不少物理学家交流了自己的观点和看法。1806年起任哥本哈根大学物理学教授。

从1812年开始，奥斯特便开始了对电磁学的深入研究，经过多年的研究和试验使他对科学发现有了敏锐的观察力，哪怕是十分微小的变化，他也要追根究底。更为重要的是，他上大学时就接受了康德哲学与谢林的自然哲学。受其影响，他坚信电、磁、光、热等现象相互存在着内在的联系。当他得知美国科学家富兰克林发现莱顿瓶放电能使钢针磁化之后，更坚定了他的观点。尽管当时也有人从事电与磁的联系实验，尽管失败紧接一个失败，他都没有动摇自己的观点。正是有这种经历和信念，他便抓住了稍纵即逝的机会，发现了电流的磁效应。

除发现电流磁效应外，奥斯特在科学上还有许多杰出的贡献。1822年他精密地测定了水的压缩系数值，并论证了水的可压缩性。次年他还对温差电作出了成功的研究，改进了库仑扭秤。1825年，他提炼出金属铝，虽然纯度不高，但在当时是最早的。40年代末期，他还研究了抗磁体，对后人深入研究磁本质打开了一个通道。

作为物理学家，奥斯特一生成果丰硕，作为一名教师，他的讲课也深受学生欢迎。他说过"我不喜欢那种没有实验的枯燥的讲课，因为归根到底，所有的科学进展都是从实验开始的"。为此，1934年美国特地设立了"奥斯特奖"，以奖励优秀的物理老师。

1851年3月9日，奥斯特在哥本哈根逝世。为纪念他在科学上做出的贡献，1934年科学界把国际单位制中的磁场强度单位命名为"奥斯特"。

数学王子高斯

在德国流传着一个关于天才男孩的故事，传说一个三岁的小孩帮助他的父亲纠正了借款账目中的错误。这位天才男孩就是后来有"数学王子"之称的高斯。

高斯是数学史上一个转折时期的重要代表人物，他的许多研究成果都具有划时代的意义。

1777 年 4 月 30 日，高斯生于德国不伦瑞克的一个工匠家庭，幼时家贫，受人资助才进入学校读书。16 岁时进入哥廷根大学学习，后转入黑尔姆施泰特大学，1799 年获得博士学位。从 1807 年起担任哥廷根大学教授兼哥廷根天文台台长直至逝世。

被称为天才数学家的高斯，在很小的时候就展现出了极高的数学天赋。上小学的时候，他用很短的时间计算出了对自然数从 1 到 100 的求和。他所使用的方法是：对 50 对构造成和为 101 的数的求和。同时得到结果：5050。如果说这仅仅是小技巧的话，那么在他 16 岁的时候预测到了非欧氏几何的必然产生，并且还推导出了二项式定理的一般形式，并发展了数学分析的理论，就不得不承认他天才的智慧了。

在进入哥廷根大学的同年，高斯发现了质数分布定理和最小二乘法。接着他又转入曲面与曲线的计算，并成功得到高斯钟形曲线，这一曲线在概率计算中大量使用。次年，年仅 17 岁的他首次用尺规构造出了规则的 17 角形，为欧氏几何自古希腊以来做了首次重要的补充。

在 1807 年的时候，高斯成为了哥廷根大学的教授和当地天文台的台长，于是他开始涉足于小行星的研究，他利用自己创立的三次观测决定小行星轨道的计算方法，成功计算出了谷神星和智神星的轨道。此后，天文界对小行星轨道的计算几乎都采用这种方法。

1818 年至 1826 年，高斯领导了汉诺威公国的大地测量工作，他利用测量平差和求解线性方程组的方法，使测量的精度得到了极大的提升。在此期间，他白天测量，夜晚计算，在刚开始的五六年间，他经历了上百万次的大地测量数据计算，后来他转入测量数据的研究和计算，从中推导了由椭圆面向圆球面投影时的公式，这些理论在今天仍有很大的应用价值。

在长期的测量中，他发明了还日光反射仪，可以将光束反射至 450 公里外的地方。但是要利用日光反射仪进行精确测量就必须解决曲面和投影的理论关系，高斯在这段时间开始了对曲面和投影的理论研究。这方面的研究成果为后来微分几何的创立奠定了基础。在非欧氏几何的研究中，他独自提出和证明欧氏几何的平行公设不具有物理的必然性，由于他担心同时代的人不能理解该理论，最终没有发表。但后来量子力学证明了他的观点的正确性。

高斯在数学上的成就十分广泛，在微分几何、非欧几何、超几何级数、数论以及椭圆函数论等方面均有开创性贡献，并且在天文学、大地测量学和磁学的研究中引入数学方法，取得巨大的成就。1855 年 2 月 23 日，79 岁的高斯在哥廷根逝世。为了纪念他，哥廷根大学的校园里建立了一个正 17 边形台座的高斯雕像。

发现元素最多的英国化学家戴维

戴维和道尔顿是同时期的化学家，比道尔顿小 12 岁。戴维擅长演说，试验技术高明，性格热情奔放。他最大的科学贡献就是电解离析出了金属钾、纳、钙、镁，并以其一生的实际行动向世人显示出了科学在社会发展中的重要意义，为提高科学的社会地位做出了突出的成就。

1778 年 12 月 17 日，戴维出生在英格兰彭赞斯城附近的一个木器雕刻匠家庭。淘气、贪玩的戴维 5 岁入学时，常常带着钓鱼的器械和各种矿石在校园里嬉戏。1794 年父亲的去世，使他陷入了生活的困境。为了谋生，戴维被送到一位名叫柏拉兹的医生那里当学徒。在此期间，戴维结识了蒸汽机的发明者詹姆斯·瓦特的儿子格利高利·瓦特，以及后来继戴维任过英国皇家学院主席的吉迪等许多知识丰富的人。在此激励下，他制定了庞大的自学计划，仅外语就有七门之多。此外，还利用现成的药品和仪器开始了他最初的化学实验训练，为以后的发明创造打下了坚实的基础。

1798 年经瓦特介绍，戴维来到布里斯托尔，在帕多斯医生开设的气体疗病研究所实验室当管理员。帕多斯懂得化学，擅长医术，戴维对这里有更好的学习和实验机会感到称心如意。1799 年 4 月，戴维在实验中冒着生命危险亲自吸入笑气（一氧化二氮），得出这种气体显然不能过量地吸入体内，但少量的可用在外科手术中作麻醉剂。随后他将这个试验的过程和亲身的感受及笑气的性质写成小册子。此后，戴维的名声就随着笑气而宣扬开了。

1801 年初，经多人推荐，戴维被皇家科普协会聘请。在那里他结识了研究热力学而出名的物理学家汤普逊。因其才华出众，所以第二年便被升为第二任化学教授。此后，他从英国的化学家尼科尔逊和卡里斯尔采用伏打电池电解水的实验中受到启发，开始对盐溶液进行电解实验。1807 年，戴维在皇家学会的学术报告会上，宣布了电解离析出金属钾的实验。这一实验的成功，使戴维对电解这种方法更有信心，6 个星期后，他采用同样方法电解了苏打，获得了一种新的金属元素钠。

长期的实验使得戴维形容枯槁，脸色苍白。但疾病丝毫没有挫减他的锐气和热情，当身体刚好一点，他又来到了实验室，进行新的攻关。次年 3 月，他根据瑞典化学家贝采里乌斯所提出的意见，对石灰和水银混合物进行电解，成功地制取了金属钙，紧接着又制取了金属镁、锶和钡。

随着其科研成果的问世，各种名誉也纷至沓来，戴维在 1803 年他被选为英国皇家学会会员，1807 年出任皇家学会秘书，1820 年被选为皇家学会会长。

在几十年的研究生涯中，戴维分别在电化学、建立酸的氢学说、发现碘元素、发明矿用安全灯、创制电弧灯等方面作出了突出的贡献。当然，他的最重要的一项成就是发现了伟大的科学家法拉第。1826 年，戴维积劳成疾病倒，1829 年死于日内瓦，终年 51 岁。

化学元素符号的首倡者贝采利乌斯

被称为化学元素符号首倡者的贝采利乌斯，除首次采用现代元素符号并公布了当时已知元素的原子量表以外，还接受并发展了道尔顿的原子论、准测定了四十多种元素的相对原子质量、发现了"同分异构"现象并首先提出了"催化"概念。这些卓著成果，在化学的发展中起着至关重要的作用，使他成为了19世纪一位赫赫有名的化学权威。

琼斯·雅可比·贝采利乌斯1779年8月20日出生在瑞典南部东约特兰省的一个名叫威菲松达的小乡村里，1848年8月7日卒于斯德哥尔摩。17岁时，他以优异的成绩考入乌普萨拉大学攻读医学。获医学博士学位后，贝采利乌斯受聘斯德哥尔摩医学院，任医学、植物学和药物学助理教授、教授。1808年，选入斯德哥尔摩皇家科学院。1815年，担任斯德哥尔摩的卡罗琳外科医学院的化学教授。1818~1832年，任斯德哥尔摩皇家科学院终身秘书。

1806年，刚刚获得博士学位的贝采利乌斯首次提出"有机化学"这个名称。在此领域的研究中，他惊奇地发现外消旋酒石酸与酒石酸有相同的化学组成，而物理性质却大相径庭。这就是贝采利乌斯以此命名的同分异构现象，后来他又发现了催化作用，并与之命名，为有机化学的产生奠定了基石。

为了确定道尔顿的原子学说，贝采利乌斯也加入了元素的原子量的计算工作。当他计算出了几乎全部元素的相对原子质量时，却发现科学界没有元素表示的统一标准，一旦付诸印刷，必然造成一团混乱。经过苦思冥想之后，他找到了最简洁的方法——用字母来表示元素。这就不需要专门的印刷铅字，而且既容易记也容易书写。

为了避免重复，如果需要再加第二个字母时，用来表示金属元素。例如，氢的拉丁文名称是 Hydrogenium，那么氢元素的符号就可以写成 H。汞的拉丁文名称的第一个字母也是 H（Hydrargyrum），汞元素就可以写作 Hg。1813年，贝采利乌斯把新理论写成论文公布于众。由于这种符号十分方便，很快就被科学家接受了。一年后，包含了 41 种元素的原子量发表了，1826 年增加到 50 种元素。在比期间，他还首次发现了铈、硒等新元素。他所创立的元素符号体系，沿用至今。

此外，贝采利乌斯还提出了电化二元论，开创了对分子中各原子间相互关系的探索。他的著作《化学教程》、《电的化学作用和化学比例理论》等也被翻译成多国文字，流传世界各地。

贝采利乌斯在数十年如一日地工作和实验中，忘记了自己的年龄，直到56 岁时才结婚。新娘是瑞典国务大臣 24 岁的女儿安娜·布郎克。尽管年龄相差很多，然而他们的婚姻很幸福。

电路基本定律的发现者欧姆

欧姆是德国物理学家，1789 年出身于一个巴伐利亚的工匠家庭。他的父亲是一名锁匠，虽然没有受过正式教育，但对数学和哲学很有研究。欧姆从小在父亲的教导下学习了数学、物理、化学和哲学的基本知识，为以后数学和科学的学习打下了良好的基础。1803 年考入埃尔兰根大学，因为家庭贫困的原因，不得已而中途辍学。而后他在一所学校担任数学教师，并利用业余时间不断自修数学和物理。在 1811 年重返埃尔兰根大学，并获得了博士学位。

欧姆的事业发展并不尽如人意。他曾经在多个地方工作，流动性很强，后来才辗转到了科伦耶稣会高校任教。在这里他利用了学校的一间设置完备的物理实验室，根据当时电流磁力效应的发现，来进行自己的电学实验。

1826 年，发现了电学上的一个重要的规律——欧姆定律：即通过一段导体的电流强度与导体两端的电压 U 成正比，得出 $U = IR$ 这一公式。1827 年正式出版了《动力电路的数学研究》一书，从理论上推导了欧姆定律。

欧姆为研究这项工作付出了十分艰巨的劳动，由于当时的图书资料和实验仪器都很缺乏，为此他不仅要忙于教学，而且还要自己亲手设计和制造仪器来进行相关的实验。欧姆定律刚刚发表时，并没有受到德国学术界的重视，反而遭到了各种非议与攻击。他们认为定律太简单，不足为信。这一切使欧姆也感到万分的痛苦和失望。在他给朋友的信中，流露出了他这一时期的痛苦心情："'伽伐尼电路'的诞生已经给我带来了巨大的痛苦，我真抱怨它生不逢时，因为深居朝廷的人学识浅薄，他们不能理解它的母亲的真实感情"。从中我们可以看出欧姆作为一位科学家对祖国的挚爱之情和对自己的发现得不到承认而表现出的悲悯情怀。

但是，真理之光终究会放射出来。1831年有个叫波利持的外国科学家发表了一篇论文，得到了和欧姆同样的结果。这才引起科学界对欧姆的重新注意。为此他的荣誉亦接踵而至，1841年，伦敦皇家学院为了肯定他的成就颁授了金章给欧姆，后来他的祖国也给了他各种奖项和荣誉。欧姆终于得到物理学界的认同，1852年，欧姆正式成为慕尼黑大学的物理教授，了结了他一辈子的心愿。

1854年7月，欧姆在德国曼纳希与世长辞。他的一生不仅因发现欧姆定律而声名远播，同时也在声学和光学方面作出了突出的成就。十年以后英国科学会为了纪念他，决定用欧姆的名字作为电阻单位的名称，使人们每当使用这个术语时，总会想起这位勤奋顽强、卓有才能的伟大物理学家。

数理弹性理论的奠基人柯西

柯西 1789 年 8 月 21 日出生在巴黎，父亲是波旁王朝的官员。幼年时代的他就在父亲引荐下结识了当时著名的两位大数学家拉普拉斯和拉格朗日，并深受他们的赏识。1805 年，他考入综合工科学校，在那里主修数学和力学；1807 年他又考入桥梁公路学校，毕业后前往瑟堡参加海港工程建设。

繁忙的工作阻止不住他对数学的热情。业余时间，柯西悉心攻读数学理论书籍以及与数学相关的物理和天文学，并在拉格朗日的指导和建议下，对多面体开始了研究。不懈的努力终于获得了回报，1811 年至 1812 年，他先后向科学院提交的两篇论文使得他在数学界轰动一时，从此，他便成了法国科学院的常客，据说法国科学院的印刷费用因柯西的作品实在太多而超出了预算。

1813 年，柯西虽被任命为运河工程的工程师，但他还是把主要精力放在数学研究上。在此期间，他发表了代换理论和群论，为新的数学理论的建立开山铺路；证明了费马关于多角形数的猜测，使一百多年的数学悬疑到此了结。此外，他还在研究液体表面波的传播问题时，得到了历史性的突破，为流体力学的发展搬开了一块巨大的绊脚石，也因此获得了 1815 年度的法国科学院数学大奖。

丰硕的成果为柯西带来了极高声誉，数学界把他当作一颗新量来瞻仰。法国科学院和综合工科学校也都敞开了大门欢迎这位年轻数学家的加盟。很多人会被荣誉冲垮，但柯西的世界永远属于实验室和讲堂。在讲授分析课程中，他建立了微积分的基础——极限理论，为微积分的发展奠定了基础；他出版的《代数分析教程》、《无穷小分析教程概要》极受欢迎，更是成为数学教程的典范。

1830 年，革命者推翻波旁王朝，他抱着对旧王朝的依恋离开了法国，先后到瑞士、意大利。在异国他乡，他开始了对复变函数的级数展开和微分方程的研究，并获得重大突破。直到 1838 年柯西重返故国，回到了自己以前的工作岗位上，直至去世。

柯西一生执著于科学研究，在数学、力学上取得了丰硕的成就。他首创性的单复变函数论，是现代复变函数理论的发端。在极限的研究上，他用和的极限为定积分确定了定义，不但为微积分学奠定了严格基础也推动了整个分析学的发展。此外，他还为弹性力学的发展做出了贡献，成为数理弹性理论的奠基人之一。1857 年 5 月 23 日，他在巴黎附近的索镇病逝，终年 68 岁。

经典电磁理论的奠基人法拉第

被爱因斯坦评为物理学发展史上最具影响的科学家之一的法拉第，1791年9月22日出生于英格兰萨里郡纽因顿的一个普通的铁匠家庭，家境贫寒。9岁时，因父亲去世，失去主要经济支柱的母亲不得不将小法拉第送进一家文具店当学徒。

法拉第既不幸但又很幸运，那就是他14岁时进入一家书店当图书装订工，这使他有机会接触各类书籍。和一般年轻学徒不同的是，法拉第热爱读书，并在繁忙的工作之余，挤出一切休息时间，把只要他装订过的书都从头到尾读了一遍。其中对他影响最大的要数《大不列颠百科全书》和马塞尔夫人的《化学对话》了。这为他以后的研究奠定了很好的科学基础。工作之余，他自己也利用空瓶子做电池，尝试种种实验，而且下定决心要成为学术研究者。人穷不能志短！

在兄长的赞助下，年轻的法拉第时常去听皇家科学院举办的自然科学讲座。与绝大多数听众不同的是，法拉第的笔记做得十分详细、工整，每次听后都重新誊抄笔记，并画下仪器设备图。1812年，法拉第听了4次戴维的讲座。他很感兴趣，就把这位名学者的每句话都记下来，对讲演内容还作了补充，并把笔记精心装订成册，名为《亨·戴维爵士讲演录》。这本笔记本，书法娟秀，插图精美，显示出法拉第一丝不苟和对科学的热爱。1812年圣诞节前，他把这个精美的笔记连同一封自荐信寄给戴维。

法拉第的努力终于得到回报。戴维接到他的礼品和自荐信后，很为法拉第的细心和热诚感动。在戴维的介绍下，法拉第进入了皇家学院实验室，并当了他的助手。也许，当初戴维也没有想到过法拉第取得的成就会远远超过他，之后也曾嫉妒过他。但戴维还是把发现法拉第作为自己最重要的功绩而引以为荣。

法拉第终于跃进了"龙门"，剩下的就该大显身手了。经过几年的蛰伏，法拉第在1816年出手了第一篇科学论文，论述了生石灰的性质，从此在科学界崭露头角。在得知奥斯特发现电流磁效应不久，他发现通电流的导线能绕磁铁旋转，制成了世上最早的电动机，从而跻身著名电学家的行列。

法拉第在五十余年的科研生涯中，成果无数。早年他先后液化了氯化氢、硫化氢、二氧化硫，发现磁致旋光效应和分离出苯等，其中的每一项都影响甚远。

当然，法拉第最出色的科学贡献是电磁感应的发现和场的概念的提出。电流磁效应的发现，使直觉很强的法拉第产生了一个想法：既然电流会产生磁场，相反的情况也应该可能发生，也就是说磁石肯定也可以产生电。电与磁应是一对和谐的对称现象。

经过近十年的反复探索，历经无数次失败的痛苦，法拉第终于在1831年8月26日获得成功。他的成功也像奥斯特一样，"得来全不费工夫"。法拉第做了一个实验，他首先把铜线缠在铁圈上，线两端接上电表，然后把一根磁棒插进线圈中。在磁棒插入线圈的瞬间，法拉第注意到，电流表微微晃动了一下。这个晃动让法拉第充满了喜悦——磁终于生电了。

这个实验不仅证实了电磁感应现象，也使"转磁为电"的梦想得以实现。在这个基础上，法拉第做出了最早的发电机。之后，随着各类电动机和发电机的制造成功，大规模生产电力和应用电力已成为可能，人类社会也开始从"蒸汽时代"向"电气化时代"迈进。

在磁电感应实验的基础上，他又提出了静电感应理论，不久又发现了抗磁性，并且引入了"场"的概念，就是电和磁的相互作用要通过的中间介质。这个概念的引出，正如爱因斯坦所说，是牛顿以来最重要的发现，也是法拉第最富独创性的思想。

法拉第成名以后，世界各国赠给他的荣誉头衔多达94个，但是他说：

"我承认这些荣誉很有价值，不过我从来没有为追求这些荣誉而工作。"他在艰难困苦中选择科学作为奋斗目标，为了追求真理而百折不回，不计名利，刚正不阿，把纷至沓来的荣誉、奖状、证书藏之高阁，时常为看到穷人只有纸写的墓碑而浩然兴叹。

法拉第的一生生活简朴，不尚华贵。以至于有人错把他当作了守门老头。为了保证自己的诚实和正直，他一再强调自己是一个普通人，曾以"法拉第出身平民，不想变成贵族"为由，婉言拒绝了皇家学会给予他的荣誉。1867年8月25日法拉第逝世，墓碑上照他的遗愿只刻有他的名字和出生年月。

非欧几何的创始人之一罗巴切夫斯基

罗巴切夫斯基是俄国著名的数学家，1792 年 12 月 1 日生在诺夫哥罗德的一个土地测量员的家庭。他天资聪慧，很小的时候就表现出了极高的数学天赋。中学时代，他的数学启蒙老师卡尔塔台夫斯为他介绍了许多数学方面的知识和数学大师们的事迹，把他带进了数学的王国。从此，他迷恋上了数学这片热土。

1807 年，罗巴切夫斯基进入喀山大学。在大学期间，他为了系统地研读大师们的原著，学习了多种外语。这也使得他在数学学习上游刃有余，同时也受到许多教授的欣赏。但他富于幻想、倔强和自命不凡的性格为他带来了不少的麻烦。学校的领导指责他是"令人愤怒的"的人。在教授们的庇护下，罗巴切夫斯基才完成了学业。

1811 年，罗巴切夫斯基获得物理数学硕士学位后留校工作，历任教授助理、非常任教授、常任教授、物理数学系主任等职。1827 年，他被大学校委会选为喀山大学校长。学校在他独具特色的领导下，数年之后成为俄国的第一流学府。

仅仅将喀山大学建成俄国的第一流学府，这一显著成绩就足以使他青史留名。但这项成就与他在数学上的建树相比，显得有点微不足道。他所创立的一种全新几何体系——非欧几何学，可说

是人类历史上最富有创造性的伟大成果之一，不但为近代数学开创了一个全新的研究领域，而且对现代天文学、物理学研究产生了革命性的影响，具有划时代的意义。

平行公设是欧几里得的《几何原本》中提出的五条公设，《几何原本》一书中直到第二十九个命题中才用到，而且以后再也没有使用。也就是说，在《几何原本》中可以不依靠第五公设而推出前二十八个命题。长期以来，数学家们发现第五公设和前四个公设比较起来，显得文字叙述冗长，不那么显而易见。以致《几何原本》的注释者和评述者们提出，第五公设能不能不作为公设，而作为定理，用前四个公理来证明？这就是几何发展史上最著名的，争论了长达两千多年的关于"平行线理论"的讨论。

为了给出第五公设的证明，完成欧几里得没能完成的工作，自公元前3世纪起到19世纪初，数学家们投入了无穷无尽的精力，他们几乎尝试了各种可能的方法，但都遭到了失败。

在前人失败的启迪下，罗巴切夫斯基开始转变思维角度。他另辟蹊径，提出了一个和欧式平行公设相矛盾的命题，即通过直线外一点至少有两条直线与已知直线平行，用它来代替第五公设，然后与欧式几何的前四个公设结合成一个公理系统，展开一系列的推理。如果在这个系统为基础的推理中出现矛盾，那么就可以证明第五公设。这种方法是一种反证法，但结果有点出乎意料，罗巴切夫斯基得出了一个又一个在直觉上匪夷所思，但在逻辑上毫无矛盾的命题。这时，他意识到他发现了几何界的世外桃源——非欧几何。

1826年2月23日，罗巴切夫斯基公开了第一篇关于非欧几何的论文《几何学原理及平行线定理严格证明的摘要》。它的发表标志着非欧几何的诞生。可来到世上，并没有给数学界带来惊喜，相反，许多正统数学家视之为数学上的"异端"，并加以反对甚至攻击。但罗巴切夫斯基坚信自己的理论，并且顽强地守护和发展着自己开创的这片数学领域。先后发表了《几何学原理》和《平行线理论和几何研究》等论文，进一步完善和发展了非欧几何的理论。

转眼间，30年过去了，罗巴切夫斯基的容颜已老。但数学界还是不能接受他的非欧几何理论。但他始终没有放弃传播自己的理论，不仅如此，他还把自己的理论推及到了天文观测上，设计出了检验大尺度空间几何特性的天文观测方案。此外，他还发表了许多的论文和著作，发展了非欧几何的解析和微分部分，使之形成一个完整的理论体系。

晚年的罗巴切夫斯基双目失明，但还是舍不得他的几何研究，1855 年，他口授完成了最后一部巨著《论几何学》。次年 2 月 14 日，罗巴切夫斯基在俄国喀山病逝。

时间能检验一切真理。1868 年，意大利数学家见特拉米证明非欧几何可以在欧氏空间的曲面上实现。这时，非欧几何才得到了数学界的承认。罗巴切夫斯基也因在几何学的革命性贡献，被人们赞誉为"几何学中的哥白尼"。

人工合成尿素开创者维勒

弗里德里希·维勒是 19 世纪德国著名的化学家，是人工合成有机物的开创者。他在实验中将无机物合成有机物，打破了有机物只能由有生命力的动植物合成的观点，开创了合成有机物的新时代。

1800 年 7 月 31 日，维勒出生于法兰克福，父亲是当地一位有名的医生。儿童时代的维勒兴趣十分广泛，尤其喜欢诗歌和收藏矿物标本。上中学时化学是其在各门的科学中最喜欢的科目，他最喜欢化学，在他居住的房间里处处摆放着实验仪器。但作为医生的父亲希望他继承自己的事业，为此两人经常发生口角。不过，他得到了父亲的好朋友布赫医生的支持。在他的支持鼓励下，维勒读了很多有关化学方面的教科书和专著，这为日后从事化学研究打下了基础。

按照全家人的意见，1820 年秋天，维勒选择了马堡的医科大学攻读医学。在课堂上他是一名好学生，一心一意地攻读所有的功课。可一回到宿舍，他就将医学书籍抛开，专心地搞起化学实验来，几乎天天如此。他的第一项科学论文"关于硫氰酸汞的性质"，就是在那间简陋的大学生宿舍里完成的。

这篇发表在"吉尔伯特年鉴"的论文引起了当时著名化学家贝采利乌斯的注意。之后，维勒到海德堡大学，拜著名化学家格美林和生理学家蒂德曼为师，潜心研究化学。1823 年取得外科医学博士学位后，他被早就对其极为欣赏的贝采利乌斯招进自己的实验室工作。这一直也是维勒的心愿。

18 世纪至 19 世纪初的科学界流行一种生命力学说：人们只能合成无机物质，不能合成有机物质，尤其是由无机物合成有机物更不可能。这也是当时人们划分无机物与有机物的标准。但是维勒经过长期的实验发现了用无机化合物氰酸铵人工合成尿素的方法。1828 年，他将自己的发现和实验过程写成题为《论尿素的人工制成》的论文，发表在《物理学和化学年鉴》上。

这篇论文的发表，可说是石破天惊，它打破了多年来占据有机化学领域的生命力学说，引起了化学界的一次震动。不少人为之欢呼，纷纷祝贺。对此项发现，恩格斯曾评价，维勒合成尿素，扫除了所谓有机物的神秘性的残余。当然维勒的发现同时也遭到了许多人的反对。他的老师贝采利乌斯最初听到这个消息时，幽默地讽刺说"能不能在实验室造出一个孩子来"。人工合成尿素就像是导火索，引爆了有机合成的"大炸弹"，不久，乙酸、酒石酸等有机物，像雨后春笋一般相继被合成出来，开创了有机合成的新时代。

除人工合成有机物外，维勒还在无机化学领域也有不少贡献。他于 1827年和 1828 年分别发现了铝和铍两种元素，对硼、钛、硅的化合物进行了广泛研究并发现了硅的氢化物。这些在化学史上都有重要意义。

五次方程没有通解的首证者阿贝尔

翻开近代数学的理论书籍，与阿贝尔相关的定理、公式随处可见，如阿贝尔级数、阿贝尔基本定理、阿贝尔极限定理等等。有这么多的概念和定理与自己的名字联系在一起的数学家，在数学史上是很少见的。遗憾的是阿贝尔英年早逝，仅活了 27 岁，没能在生前享受自己的成就所带来的荣耀。

阿贝尔是挪威著名的数学家，近代数学发展的先驱，1802 年 8 月 5 日生于挪威芬岛。从小生活在农村的阿贝尔，在很小的时候就表现出了惊人的数学才能。在学校里，他的这种表现引起老师霍姆伯的注意。在老师霍姆伯介绍下，他开始阅读牛顿、欧拉、高斯的数学著作。老师的引导和大师们著作的魅力使他踏进了数学的王国，从此再也不想出来。如痴如醉的钻研使他的进步神速，时隔不久，他就攻到了数学领域的前沿阵地。

1821 年，刚进入奥斯陆大学的阿贝尔便全身心投入到数学研究之中。功夫不负有心人，3 年后，他找到了不能用根式求解五次方程的原因，并写成论文。遗憾的是这篇划时代的论文并未引起数学界的注意。但阿贝尔并未灰心，自费印刷了证明五次方程不可解的论文邮寄给高斯，希望能得到数学巨人的接见。令人惋惜的是，一生勤勉的高斯，虽有许多伟大的数学发现，却错过发现这个伟大的数学天才的机会。至死他都没打开阿贝尔寄来的论文。

但凡伟大的科学家都有愈挫愈勇的精神，阿贝尔同样如此。1826 年，满怀数学热情的阿贝尔前往数学家云集的巴黎，结识了当时著名的数学家勒让德和柯西等人，并在他们的建议下开始研究椭圆积分。同年，他给法国科学院写了一篇关于椭圆积分的论文，但结果石沉大海，他只好再回柏林。次年，贫病交迫的阿贝尔为了生计回到了故国挪威，靠做家庭教师维持生活。

1828 年，阿贝尔发表的论文终被法国数学界肯定，并获得空前的热应。得知阿贝尔已回挪威后，四名法国科学院院士联名上书给挪威国王，要求寻找他，并建议国王将其调入皇家科学院工作。阿贝尔的命运眼看就要出现转机，但这一切来得太迟了。1829 年 4 月 6 日，贫困交加的阿贝尔在挪威弗鲁兰病逝，年仅 27 岁。一代天才数学巨星过早病逝，这是整个数学界难以弥补的损失。

阿贝尔的人生虽然短暂，但他在许多方面都有建树。除了五次方程之外，阿贝尔还研究无穷级数和具有交换的伽罗瓦群方程。在研究无穷级数中，他得到的判别准则和幂级数求和的定理，推动了分析学严格化的进程。人们为了纪念他在这方面的贡献，称这种交换群称为"阿贝尔群"。他还是公认的椭圆函数论的奠基者。他把椭圆积分的反演引入了椭圆函数，并发现了椭圆函数加法定理、双周期性，并在此基础上证明出了阿贝尔定理。

阿贝尔在函数、方程领域所做的研究为数学的发展开拓了更为广阔的道路，并对数学的其他分支产生了深远的影响。著名数学家 C. 埃尔米特曾说：阿贝尔留下的思想可供数学家们工作 150 年。

2003 年，为了纪念这位天才数学家 200 周年诞辰，挪威政府特设立了世界上奖金最高的数学奖——阿贝尔奖。阿贝尔的大名也因这个大奖更加为人们所熟知。

农业化学和生物化学的奠基人李比希

李比希1803年生于德国里森的达姆斯塔特，父亲是一个经营无机盐和颜料的商人，家中有许多化学药品。小李比希经常自己动手做化学实验，并对实验和观察产生了浓厚的兴趣。在家庭环境的熏陶下，李比希从小就被引入了化学领域。青年时代的他，为了求学不远千里来到了波恩，后又转到埃尔兰根大学学习，1822年获博士学位。

1824年李比希自法国回来以后，发现德国的化学教育很是落后，许多德国大学没有化学教授，化学课由医学博士讲授。化学实验教学的条件就更差了，全国只有汤姆生设立的一处实验室，一些著名化学家的实验室，都是私人性质的只能接受一两名学生做专题研究。为了改变这种情况，李比希加强了对实验室建设和化学教学法的研究，使化学教学真正具备了实验科学的特色。

经过两年努力，他在吉森大学建立了一个完善的实验教学系统，他的实验室可以同时容纳22名学生做实验，教室可以供120人听讲，讲台的两侧有各种实验设备和仪器，可以方便地为听讲人做各种演示实验。

这个后来以李比希命名的实验室，培养出一大批一流的化学家，如：俄国的齐宁，法国的日拉尔，英国的威廉姆

逊，德国的霍夫曼、凯库勒，此外像富兰克兰、武兹等。"李比希实验室"也因此成了全世界化学工作者最注目和向往的地方。

已是科学巨人的李比希，名震欧洲。但是，科学真理既不屈从于权力，亦不依附于名家的威望。在溴被发现的前四年，李比希曾收到一位德国商人送来的棕色液体。根本就没有做化学分析的李比希，就用肉眼匆忙断定瓶中之物是"氯化碘"，然后就把它放在柜子里，一放就是四年。1826年8月14日，法国化学家波拉德宣布发现了新元素溴。李比希看到这一震惊化学界报告后，顿时想起四年前自己放到柜子里的一瓶棕红色的液体，赶紧翻箱倒柜，找出了那瓶棕色液体，但此时溴的发现已与他无关了。

一个重大的科学发现与自己擦肩而过，李比希懊悔极了。为了警诫自己、教育学生，他特意将那瓶棕色液体放在原来的柜子里，并把柜子移到大厅中，在上面贴上一个工整的字条："错误之柜"。

李比希一生成果丰硕。不仅在德国化学教育方面功勋卓越，作出了奠基性的贡献，而且，李比希做了大量的有机化合物的准确分析，发现了同分异构现象，在有机化学领域内做出了卓越的贡献。1840年以后的30年他转而研究生物化学、农业化学。他用实验的方法证明了植物生长需要碳酸、氨、氧化镁、磷、硝酸等无机物以及人和动物的排泄物只有转变为碳酸、氨和硝酸等才能被植物吸收。此外，他还发现了氮对于植物营养的重要性，因此也被称为"肥料工业之父"。

李比希是将试验引入自然科学教学的第一人。他改善了化学中的分析方法，使得化学成为一门精确的学术。在最早的60名诺贝尔化学奖获得者中有42人是他的学生的学生。而他本人也被誉为历史上最伟大的化学教育家之一，为此他于1845年被授予男爵的封号。

1873年4月18日，李比希因肺炎逝世于德国慕尼黑，葬礼那天，许多市民沿街为他送行。此后德国慕尼黑、达姆施塔特、吉森等许多城市都为他树立了纪念碑，以此怀念这位为人类做出巨大贡献的科学家。

细胞学说的创始人之一施旺

动植物的基本单元是细胞，这是 19 世纪三大发现之一——细胞学的核心。作为这一学说创始人之一的德国生物学家施旺，为细胞学的产生和发展奠定了理论基础。

比另一位创始人德国生物学家施莱登小 6 岁的施旺，于 1810 年出生在德国诺伊斯的一个金匠家庭。童年时代的施旺品行良好，学习勤奋，是父母眼中典型的好孩子。中学毕业后，父母希望他学神学，将来做一名神职人员。但施旺违背父母的意愿进入德国波恩大学医学院攻读医学。

大学给了施旺更多的自由时间，但他舍不得浪费一点光阴。一有空闲，他就跑去听约翰内斯·弥勒教授的生理学，并且做了弥勒实验室的临时助手。大学毕业后，施旺到了维尔茨堡学习临床医学。两年后，施旺又回到了柏林大学攻读医学博士。24 岁时，施旺拿到医学博士学历，正式成为了弥勒的助手。在弥勒的指导下，施旺走上了科学研究的道路。

做了一年助手之后，施旺离开弥勒实验室在柏林解剖博物馆找到了一份工作。在这里，他结识了施莱登。虽然他们的性格和经历迥然不同，但共同的志趣和真诚的情感使他们一见如故，从此建立了深厚的友谊。

时隔不久，施旺在研究发酵过程中，发现活酵母细胞的发酵作用具有生命活动的特征，这也是"新陈代谢"一词的由来。在发表这一伟大发现论文之前，施旺认为这一重大发现一定会引起巨大轰动。恰恰相反，施旺连同这一发现一并遭到科学界的攻击。直到十几年后，巴斯德对发酵研究获得成功，施旺的观点才得到公认。

提到施旺创立的细胞学说，就不得不提及另一位创始人施莱登。在显微镜前，施莱登经过多年的观察和研究植物组织结构后，认为在任何植物体中，细胞都是结构的基本成分。低等植物由单个细胞构成，高等植物则由许多细胞组成。1838 年，他发表了著名的《植物发生论》一文，提出了此观点。

同年 10 月，施旺在施莱登讲述有关植物细胞的知识时深受启发，1939 年，发表了著名的《关于动植物的结构和生长一致性的显微研究》，第一次系统地阐述了动物和植物都是由细胞构成的现代生物学中最重要的观点。同时期施莱登也提出这个观点，从而奠定了他和施莱登共同创建细胞学说的基础。

施旺的细胞理论发表后很快为人们接受，其中的错误也很快得到后来者的修正。但由于他的发酵研究结果受到了化学家尤斯图·冯·李比希和弗里德里希·维勒的强烈攻击。施旺不得不背负着巨大的争议离开了柏林，前往比利时吕温天主教大学担任解剖学教授。

与坚持异端的施莱登相比，施旺似乎是一个胆怯、内向、甚至过于虔诚的人。在比利时，他对自己的研究更加谨慎起来，不轻易发表研究成果，但值得一提的是，他在这里对机械产生了兴趣，还发明了一些有益于采矿业的设备。1848 年，施旺离开吕温天主教大学前往比利时列日大学担任解剖学教授。6 年后，发表了解剖学著作《人体解剖学》。1858 年他又担任列日大学生理学教授。但遗憾的是施旺对生理学的研究已基本上终止了。1882 年 1 月 11 日，施旺因中风在德国的科隆逝世。

施旺提出的细胞学说，把植物的基本结构是细胞的观点推及到了动物界，找到了动植物发育的普遍规律，这在生物学史上具有划时代的意义。他也因此被称为是细胞学说的创始人之一。

进化论之父达尔文

有关生命的起源和演变，我们可以追溯到人类文明的发展早期，例如：在中世纪的西方，基督教《圣经》把世界万物描写成是上帝创造的特殊产物；中国《易经》中的阴阳、八卦说，把自然界还原为天、地、雷、风、水、火、山、泽八种基本现象，并试图用"阴阳"、"八卦"来解释物质世界复杂变化的规律；古希腊阿那克西曼德（约公元前 6 世纪）认为生命最初由海中软泥产生，原始的水生生物经过蜕变（类似昆虫幼虫的蜕皮）而变为陆地生物。

那么世界上的万物到底是从哪里来的？是如何演变发展的？物种是如何形成的？进化的速度快慢是怎么样的？就在人们对生命演进机理持不同见解的时候各门各派展开了激烈的论战之时，一个划时代的人物出现了。他就是 19 世纪英国伟大的博物学家、进化论的创始人达尔文。

达尔文于 1809 年 2 月 12 日出生在英国塞文河畔的希鲁兹伯里小镇上，父亲和祖父都是当地名医。祖父伊拉兹马列斯·达尔文对于生物学的研究极有兴趣，是个提倡生物进化观念的先驱者。达尔文受其祖父的影响，在很小的时候就想知道各种树木的名称，并且开始搜集各种昆虫、贝壳、鸟蛋和矿石，但他对学校里教条式的课程几乎不感兴趣。达尔文的父亲不理解自己的儿子，认为他游手好闲、不求上进，就让他进了剑桥大学基督学院，在这里，达尔文的科学思维受到著名的植物学教授亨斯洛和塞奇维克的赏识，他们建议达尔文改学自然历史，然而达尔文还是不能违背父亲的意愿，1831 年获得神学学士学位。

达尔文伟大的贡献就是提出了进化论，并于 1859 年出版了《物种起源（On the Origin of Species）》一书，从此奠定了他在自然科学史上的地位，标志着科学进化论的诞生。

从最古老的单细胞到有着复杂生命结构与思维的人类诞生，在漫长的30多亿年生命行进征程中，形形色色的生物从出生到灭亡，从低等到高等，究竟是何种神奇的力量推动着生物的进化发展呢？

达尔文进化论认为生物有一个缓慢的变化过程，物种不是被分别创造出来的，一个物种是从原有的另一物种传下来的。整个生物系统发展是一个从一到多、从简单到复杂、从低级到高级的演化过程，在进化中物种会发生变化。进化的机制是自然选择，生物界普遍存在着繁殖过剩的现象，繁殖过剩必然导致生存斗争。生存斗争是每时每刻都存在的，所以不断地有生物死亡的事情发生。

在生存斗争中如何分出高低胜负呢？哪个个体或个体的哪种特征适应了残酷的斗争环境，便会被保留下来，否则就会被淘汰掉，即适者生存。适者生存既是选择的标准，也是选择的结果。这种选择还会将有利的变异通过遗传保留、积累起来。天长日久的生存斗争和自然选择，会使偶然的变异成为必然的属性，生物会产生变种，这就是物种不断进化的过程。

达尔文进化论的提出和他1831～1836年的环绕世界旅行是分不开的。1831年12月27日，达尔文以自然科学家的名义搭上英国舰队的"小鹰号"。他们先在非洲西北海岸的佛得角、南美洲东海岸的巴西、阿根廷等地和西海岸及相邻的岛屿上考察，然后跨太平洋至大洋洲，继而越过印度洋到达南非，再绕好望角经大西洋回到英国，最后于1836年10月2日返抵英国。通过历时五年的环球旅行，他观察并搜集了动植物和地质等方面的大量材料，经归纳整理与综合分析，形成了生物进化的概念，这使他不再相信物种是上帝创造的神创论，因为神创论解释不了他所观察到的事实。

达尔文的发现改变了人们对世界的看法，给神创论以沉重的打击。恩格斯把达尔文发现有机界的发展规律和马克思发现人类历史发展规律相提并论，认为达尔文的进化理论是19世纪自然科学的三大发现（能量守恒和转换定律、细胞学说和进化论）之一。

数理逻辑的奠基人布尔

英国著名的数学家，逻辑代数的创始人布尔 1815 年 11 月 2 日出生在一个鞋匠家庭，从小家境贫寒，为生活所迫，几乎没有接受正规的学校教育。但他天资聪慧，自学了很多知识，尤其是在数学上的成绩，远远超出了他的同龄人。

16 岁就进入一家私立学校当数学老师后，布尔一边教学一边自学高等数学。在这期间，他研读了牛顿的《自然哲学的数学原理》和拉格朗日的《解析函数论》等一系列数学名著。4 年后他自己开办一所学校，但并没有放弃对数学的研究。

布尔在数学上的最大贡献是用一套符号来进行逻辑演算。大约在几百年前莱布尼兹曾经做过这方面的尝试，它通过选择把那些符号作类似于代数那样的运算。当布尔在研究莱布尼兹的著作时，发现用符号不但可以按照固定的规则来处理，而且还能得出合乎逻辑的结果。于是布尔想：如果把这些符号系起来，像代数符号一样进行运算岂不是更好。接下来，布尔就沿着这个目标开始深入研究。

1839 年，布尔的生活环境有了好转，他希望申请入剑桥大学接受高等教育，于是咨询他的朋友《剑桥大学期刊》的主编格雷格里。但他劝布尔不要把自己的全部精力集中于学位考试的训练中，否则自己很可能被淘汰了。于是布尔放弃了进剑桥大学求学的念头，开始集中精力于逻辑代数方面的研究。

数年的汗水终于得到了回报。1847 年，布尔出版了他的名著《逻辑的数学分析》，创造一套符号系统，建立了一系列的运算法则，初步奠定了数理逻辑的基础，并为百年之后的计算机产生奠定了数学方法和理论基础。

1854 年，布尔发表《思维规律的研究》，从而创立了一门全新的学科——布尔代数。由于布尔出色的成就，1849 年，都柏林大学和牛津大学授予布尔名誉博士学位。不久，他被聘为爱尔兰大学教授，1857 年当选英国皇家学会会员并荣获英国皇家奖章。

荣誉并没有让布尔丝毫怠慢，他依然风雨无阻地坚持去学校授课。在一次去学校途中，因遭雨淋，引发肺炎，一月后，布尔于 1864 年 12 月 8 日卒于爱尔兰的科克，年仅 49 岁。

热功当量的测定者焦耳

能量守恒和转换定律的发现者之一英国物理学家焦耳，1818 年 12 月 24 日出生于英国曼彻斯特，父亲是一个酿酒厂主。他从小就跟着爸爸酿酒，没有接受过正规的教育。但是他从小勤奋好学，经常一边劳动一边识字，靠着自学而成为了物理学家。青年时，经别人介绍认识了著名化学家道尔顿，并在他的指导下学习了数学、哲学和化学，这些知识的学习为焦耳后来的研究奠定了基础。

焦耳最初的研究方向是电磁机。因常在父亲的酿酒厂工作，看到蒸汽机的效率太低，于是他就想将父亲酿酒厂中应用的蒸汽机替换成电磁机以提高工作效率。1837 年，焦耳装成了用电池驱动的电磁机，但由于支持电磁机工作的电流来自锌电池，而锌的价格昂贵，用电磁机反而不如用蒸汽机合算。焦耳的最初目的虽然没有达到，但他从实验中发现电流可以做功，这激发了他进行深入研究的兴趣。

从 1840 年起，焦耳开始研究电流的热效应，不久与俄国的著名物理学家楞次各自独立发现了焦耳－楞次定律，为揭示电能、化学能、热能的等价性打下了基础，敲开了通向能量守恒定律的大门。

1843 年，焦耳钻研并测量了热和机械功之间的当量关系与热功当量，为热运动与其他运动的相互转化，运动守恒等问题，提供了无可置疑的证据，他也因此成为能量守恒定律的发现者之一。这是焦耳一生最重要的贡献。

尽管有许多无可辩驳的事实，但当焦耳用论文宣布热是一种能量交换的形式时，一些大科学家都表示怀疑和不信任，认为各种形式之间的能量转换是不可能的，为此他多次受到科学界的冷遇。但是，焦耳并没有屈服，他以百折不挠的精神继续做实验，找数据。直到1850年，在其他的科学家用不同的方式得到了与焦耳结论相同的能量守恒和转化定律时，焦耳的科学成果才最终获得了科学界的公认。

1850年焦耳被选为英国皇家学会会员，1889年10月11日焦耳在塞尔逝世，终年71岁。为了纪念他对科学发展的贡献，国际计量大会将能量、功、热量的单位命名为焦耳。恩格斯把他的"由热的机械当量的发现（迈尔、焦耳和柯尔丁）所导致的能量转化的证明"列为19世纪下半叶自然科学三大发现的第一项。

近代遗传学的奠基人孟德尔

每个人的生命起点都是从父母那里获得的基因，有的家庭成员之间看起来惊人的相似，而有的却并无太多相似之处，还有某些家庭的某些特征隔代相传。这是什么原因呢？1866 年，奥地利生物学家格雷戈尔·孟德尔通过豌豆试验发现了生物遗传的基本规律，揭开了千百年来人们最想了解的奥秘，他也因此被尊为现代遗传学的奠基人。

有人类历史上第一个遗传学家之称的孟德尔，1822 年 7 月 22 日出生于奥地利一个贫寒的农民家庭里，父亲和母亲都是园艺师。从小在父母的熏陶下，孟德尔对园艺很感兴趣，但他的志趣始终在科学上面。因为家境贫寒，他没有读完大学就进布隆（现在的布尔诺）奥古斯丁教派的圣托马斯修道院，当了一名修道士。1851 年，几经辗转，孟德尔才有机会到维也纳大学深造。

在维也纳大学的两年中，孟德尔学习了物理、数学、化学、动物学、植物学、植物生理学等，并对植物学和植物杂交产生了浓厚的兴趣。这段时间的学习，对他日后的工作产生了极大的影响。1853 年，完成学业的孟德尔回到修道院，没有直接参加当年的教师资格考试，而是进入了一所刚建成不久的技术学校任教。在这里。他开始了 14 年的教学生涯，但由于没有获得教师资格证，他只能拿一半的酬薪。

教学之余，孟德尔在修道院里开始进行一些实验。19 世纪 50 年代初，他开始对豌豆进行人工授粉，测定生物的形状遗传。1854 年，植物杂交研究领域成为布隆农业学会讨论的热点，已成为会员的孟德尔倍受鼓舞，进行了更深入的实验研究。

在实验中，孟德尔精选纯种豌豆进行杂交。例如把长得高的同长得矮的杂交，把豆粒圆的同皱的杂交，把结白豌豆的植株同结灰褐色豌豆的植株杂交，他的实验目的就是通过这种杂交，观察每一对性状的变化情况，推导出控制这些性状在杂交后代中逐代出现的规律。

实验发现每一植株都具有两个决定高度的因子，高的显性因子和矮的隐性因子，因此杂交后第一代的值株全都是高的。当这一代自花受精后，这些因子在子代中排列可以是两个高因子在一起，或者两个矮因子在一起，或者一高一矮，一矮一高。前两种组合将会繁育出同样的后代，各自生出全是高的或全是矮的植物，而后面的两种组合则将以三与一之比生出高的或矮的植物来。

通过这一系列的实验结果，孟德尔总结出了生物遗传的两条规律。即同一律和分异律。同一律是两个不同类型的植物或动物杂交时，他们的下一代全部是一模一样的情况。例如，一个绿色种子和一个黄色种子杂交，他们的下一代都是黄色的；分异律是不同植物品种统一的新一代被拿来再交配时，他们的下一代便不再是统一的了。他们会发生分离并按照一定的比例，构成不同的形式。

1865 年孟德尔在自然科学学会的会议上先后两次报告了他的发现。但是由于他的研究方法和结论远远超过了当时的科学技术水平，所以在当时并未认可。直到他去世了 20 年后的 1900 年，这一理论才被人重新发现并得到普遍应用。

以杂交试验闻名的孟德尔还是一位气象学家，是奥地利气象学会的创始人之一。从 1857 开始，他每天都一丝不苟地观察记录温度、气压、降雨量以及臭氧水平，并将其绘成图表呈交给自然科学会，以作气象资料研究。此外，孟德尔还从事过植物嫁接和养蜂等方面的研究。为了自己的科学事业，孟德尔一生未婚，于 1884 年 1 月，因慢性肾脏疾病去世，他的遗体被埋葬在中央公墓的修道院墓地。

微生物学的奠基人巴斯德

被誉为"微生物学之父"的法国微生物学家巴斯德，是 19 世纪最伟大的化学家、生物学家和医学家。像牛顿开辟出经典力学一样，他开辟了微生物领域，为微生物学、免疫学、医学的发展做出了不朽贡献。他以其坚强的意志、执著的精神和卓越的成就向世人诠释了成功的真谛。

巴斯德于 1822 年 12 月 27 日出生于法国多尔镇的一个普通工人家庭。他的父亲原在拿破仑军队做军人，退伍后在一家制革厂做工人，家境贫寒。儿时的巴斯德聪明伶俐、勤奋好学颇有天分。父母为了培养他付出了艰辛的劳动。1843 年巴斯德终于以第 4 名的优异成绩考入巴黎高等师范学院，攻读化学，他对学习和工作具有的那股极强的韧劲，耐心和毅力，是一种难能可贵的品质。

勤奋出天才，毕业后不久，巴斯德就在酒石酸结晶的研究中表现出卓越的实验观察才能，他推翻了当时的化学权威对酒石酸结晶体的已有见解，得出了酒石酸同质异构的结论，开创了对物质光学性质的研究，这是他在化学方面作出的最早的贡献。

接下来他还揭开了酒和醋的发酵原理，当时在制酒过程中经常发生一件怪事：本来香醇芬芳的酒突然都变成了一种带酸牛奶味的东西，酒厂老板们也因此蒙受了巨大损失。巴斯德在酒厂老板的邀请下过行了调查研究，发现酒变酸实际上是一种微生物在作祟——乳酸杆菌。为了消灭它巴斯德进行了一系列实验，发现当把酒加温到 55 度时，可杀死酒中的乳酸杆菌而酒质不受影响，此时应赶紧密封保存，则酒在以后的相当时期内不变质发酸。以后这个方法被称为"巴斯德消毒法"，广泛应用于医学、酿酒等食品工业中，直到现在还在使用。

巴斯德的发现拯救了法国的葡萄酒业和制醋业，并且改良了啤酒酿造工艺。刚解决了酒变酸的问题，亟待解决的蚕病问题又摆在了他的面前。1865年法国南部的一个养蚕中心蔓延着一种奇怪的蚕病，病蚕一批批地相继死去，蚕农们束手无策，整个养蚕业濒于毁灭的境地。巴斯德受农业部委托，通过5年的辛勤工作，终于找到了使蚕患病的细菌，并且有效地防治了蚕病，挽救了处于危机中的法国养蚕业。

除此之外，巴斯德还研究了鸡的霍乱病并成功的研制出防止它的方法。在此基础上还研制出了炭疽病减毒活性疫苗，从而使畜牧业免受灭顶之灾，他的这些成就可以和琴纳使用牛痘对人的天花病产生的免疫能力相媲美。

晚年，他对狂犬病疫苗的研究成为了他事业的光辉的顶点，当时的狂犬病虽不是很常见，但它的死亡率却是100%。为了研制出治疗的方法，巴斯德经常冒着生命危险从患病动物的体内提取病毒，收集疯狗的唾液，他的这种为科学而把生死置之度外的精神使我们对其肃然起敬。功夫不负有心人，他终于找到了治疗狂犬病的方法，制成了原始的巴斯德狂犬病疫苗，并成功地治疗一位被疯狗咬伤14处的法国小男孩，成为了世界上第一个能挽救狂犬病患者的人。

在这巨大成功的背后，巴斯德所付出的艰辛劳动是难以形容的。特别是在巴斯德全力以赴地研究蚕病并取得很大进展的时候，个人生活中却接连遭到沉重的打击。1865年，慈爱的父亲逝世，一年后爱女夭折，儿子在战争中饱受苦难，另外还受一些人的造谣诽谤。但他仍拼命工作，每天工作达18小时。1868年10月，巴斯德因突发脑溢血留下半身不遂的后遗症。但他病危时仍念念不忘研究工作，病情稍有好转，又立即恢复工作。

1895年9月25日巴斯德去世。他以五十余年科学研究生涯中坚持不懈地努力，实践着自己的追求和愿望，用自己的行为和精神，塑造了法国人民心中的一座丰碑，被誉为法国"最伟大的民族英雄"。

绝对温标的确立者威廉·汤姆生

"我们都感到，对困难必须正视，不能回避；应当把它放在心里，希望能够解决它。无论如何，每个困难一定有解决的办法，虽然我们可能一生没有能找到。"从这句话中我们可以看出一位执著追求真理，谦虚谨慎、意志坚强、不怕失败、百折不挠的科学家形象。他这种终生不懈地为科学事业奋斗的精神，永远值得我们后人敬仰。

他就是热力学主要奠基人之一的威廉·汤姆生，他的另一个名字叫开尔文。也许我们会感到惊奇，开尔文是个温度单位，看到它时可能立即就会想到这个单位是纪念一位科学家开尔文，怎么变成了威廉·汤姆生。开尔文是一个勋爵衔，因为威廉·汤姆生在对大西洋第一条电缆的安装工程上作出了突出的贡献，所以英国女王授予了他这个头衔，后世一般称威廉·汤姆生为开尔文勋爵。

威廉·汤姆生 1824 年生于爱尔兰，10 岁入读格拉斯哥大学，14 岁开始学习大学程度的课程。15 岁时凭一篇题为《地球形状》的文章获得大学的金奖章。17 岁时，曾赋诗言志："科学领路到哪里，就在哪里攀登不息"，可见他是一个有着极高天赋和顽强意志的人。

汤姆生一生的研究范围广泛，在热学、电磁学、流体力学、数学、工程应用等方面都作出了极大的贡献，尤其在热力学的发展中，成就最突出。

在 19 世纪的时候，物理学界依然普遍相信热是一种不生不灭的物质。1848 年，威廉·汤姆生根据盖-吕萨克、卡诺和克拉珀龙的理论创立了热力学温标，并指出："这个温标的特点是它完全不依赖于任何特殊的物理性质。"这就是现代科学意义上的标准温标。

在研究了焦耳的多篇关于电流生热的论文后，汤姆生开始改变以前的想法和焦耳进行合作研究，发现了热力学第一定律（能量守恒定律）。

1851 年汤姆生发表了题为"热动力理论"的论文，写出了热力学第二定律的汤姆生表述：我们不可能从单一热源取热，使它完全变为有用功而不产生其他影响。近代物理虽然修正了很多古典物理理论的错误，但是热力学定律仍然是正确而普遍的宏观物理定律。他从热力学第二定律断言，能量耗散是普遍的趋势。同年，威廉·汤姆生利用卡诺循环建立绝对温标，重新设定水的熔点为273.7度，沸点为373.7度。为了纪念他的贡献，绝对温度的单位以开尔文（Kelvn，K）来命名。

1852 年汤姆生与焦耳合作进一步研究气体的内能，对焦耳气体自由膨胀实验作了改进，发现了焦耳－汤姆生效应。这一发现成为获得低温的主要方法之一，广泛地应用到低温技术中。

汤姆生的一生是非常成功的，他可以算作世界上最伟大的科学家中的一位。他于 1907 年 12 月 17 日去世时，几乎得到了整个英国和全世界科学家的哀悼。他的遗体被安葬在威斯敏斯特教堂牛顿墓的旁边。

复变函数论的奠基人黎曼

翻开科学史册，每位科学家部有着独特的个性、坚定的毅力。黎曼的不同就在于他的独创精神，其创造性的工作，在数学的众多研究领域作出了突出贡献，为世界数学建立了丰功伟绩。

黎曼出生在德国汉诺瓦一个小乡村的清教徒家庭，父亲是一名乡村牧师，并且希望儿子能够继承他的遗志，长大也做一名牧师。按照父亲的意愿，19 岁的黎曼进入了哥廷根大学攻读哲学和神学。但是黎曼从小酷爱数学，在中学的时候，他已经显示出了很高的数学才能，据他的数学老师萨马福斯德回忆，黎曼在 16 岁的时候就全部理解了法国数学家勒让德的《数论》。

当时的哥廷根夫学是世界数学中心之一，其数学教学和数学研究的气氛非常浓。黎曼在学习哲学和神学之余一有时间就去听高斯的最小二乘法及史登恩的定积分的课程，受环境的影响，他决定放弃神学，专攻数学。

1847 年，黎曼转入柏林大学，拜贾可比、狄利克雷和史泰勒为师。在那里，他学习了高等代数，数论、积分论和偏微方程及椭圆方程，从此，开始了他研究数学的征程。

两年后，黎曼呈上了博士论文《复变函数论的一般理论的基础》，为多值解析函数的创立奠定了理论基础。高斯看到后欣喜地说："我许多年前就想写一份像这样的论文。"

1854 年是黎曼生命中重要的一年，他不但成为哥廷根大学讲师，还创造性地采用微分几何的途径，创立了黎曼几何，这种处理几何问题的方法和手段是几何史上一场深刻的革命。

在伟大的成果中，黎曼得到了极大地鼓舞。在接下来的几年里，他把所有的精力都投入到了数学研究中，他的研究范围几乎遍及了整个数学领域。

1858年他在一篇关于素数分布的论文中，提出了著名的黎曼猜想。这个猜想提出后，就像珠穆朗玛峰一样屹立在数学王国里，目前已有很多人登上这座世界屋脊，但至今还没有人能证明这个猜想。黎曼也伴随着这个猜想接受着后人的顶礼膜拜。

黎曼的创造性工作在当时未能得到数学界的一致公认，德国数学家克莱因评价他说："黎曼具有很强的直观，这天分使他超越了当代的数学家。"但他艰深难解的深邃思想和部分工作不够严谨的态度，曾引起了很大的争议。

除在数学研究之外，黎曼还把数学引到了物理研究上，将物理问题抽象出的常微分方程、偏微分方程进行定论研究得到一系列丰硕成果。此外，他还是对冲击波作数学处理的第一个人。

因为长年的贫困和劳累，在1862年婚后不到一个月黎曼就开始患胸膜炎和肺结核，并于1866年病逝。他在数学界仅仅活跃了15年，但他对纯数学的研究作出了划时代的贡献。他去世后，许多数学家对黎曼断言过的定理开始重新论证并取得了辉煌成就。爱因斯坦广义相对论就是建立在黎曼几何的基础之上的。

经典电磁理论的集大成者麦克斯韦

牛顿曾说："如果说我比别人看得更远些，那是因为我站在了巨人的肩上。"每一项伟大科学的发明和发现都不是偶然的，它有着一定的必然性和历史传承性，许多科学家是在前人量的积累基础上，结合自身的优越条件而达成质的飞跃。19 世纪麦克斯韦发现的电磁理论，就是如此。他继承了奥斯特、安培和法拉第的学说，在前人研究的基础上完成了他的电磁理论，并直接影响到了爱因斯坦狭义相对论的提出。他是一名承前启后的物理学家，在科技发展史上，有着举足轻重的地位。

麦克斯韦 1831 年 6 月出生于苏格兰爱丁堡，他的父亲原是个知识渊博的律师，但却热衷于技术和建筑设计，对麦克斯韦的一生影响很大。

8 岁的时候，麦克斯韦的母亲不幸得肺结核去世，从此家庭的重负全都落在了父亲的身上。幼年丧母使麦克斯韦的性格变得孤僻、内向。16 岁麦克斯韦中学毕业后进入了苏格兰的最高学府爱丁堡大学，专门攻读数学和物理学。19 岁时进入了剑桥大学并成为了霍普金斯的研究生。1854 年的时候毕业并留校任教，后因父亲生病到苏格兰的马里沙耳学院任自然哲学教授，1871 年受聘筹建剑桥大学卡文迪什实验室，并任第一任主任。

麦克斯韦的一生为物理学的发展作出了突出的成就，是继法拉第以后的又一位科学巨人。他有着敏捷的思维，天马行空的想法和高超的驾驭数学公式的能力，他曾经用了 200 多个复杂的方程式表述了土星环是由一群离散的卫星聚集而成的，并由此获得了亚当斯奖。

经典电磁理论的发现是麦克斯韦在物理学上作出的最大贡献，他的一生从事过很多方面的物理学研究，并深受法拉第的影响。当第一次读法拉第的

《电学实验研究》时，他就被里面的独到见解和新颖理论所吸引，并且敏锐地理解到了法拉第"力线"和"场"的概念在物理研究方面的重要性。

但是，法拉第的理论全书没有一个系统数学体系，由此说明他的学说还缺乏严密的理论形式。麦克斯韦决定用自己的数学才能来弥补这一缺陷。在老师威廉·汤姆生的启发和帮助下，他用精密的数学形式把法拉第的直观力学用图像表达了出来，并给出了电流与磁场的微分关系式。1855年，他发表了论文《论法拉第的力线》系统总结了这些成果。这篇论文很快受到法拉第的支持和赞扬。

电、磁、光的统一，被认为是19世纪科学史上最伟大的综合之一，麦克斯韦为此做出了突出贡献，他在1864年的论文《电磁场的动力学理论》当中成就了麦克斯韦方程组，并预言了电磁波的存在。为了证实他的预言，麦克斯韦带病做了很多的实验，系统研究了近百年以来的电磁学成果，终于在1873年出版了他的巨著《电磁理论》，它的出现标志着电磁理论已经成为经典物理学的重要支柱之一。

和其他科学家一样，他的电磁理论问世以后，在相当长的一段时间内不为当时科学界所接受。劳厄曾经这样评论："尽管麦克斯韦理论具有内在的完美性，并且和一切经验相符合，但是只能逐渐地被物理学家们接受。它的思想太不平常了，甚至像赫尔姆霍茨和波尔茨曼这样有异常才能的人，为了理解它也花了几年的力气。"

这大概就是我们所说的高处不胜寒，曲高而和者寡吧。1879年麦克斯韦因患癌症，带着遗憾离开了人世，终年49岁。

麦克斯韦的一生是短暂的、同时也是不被人理解的。但是，真理将会永远散发着它那夺目耀眼的光泽，在他死后的第9年，即1888年，赫兹用实验证明了电磁波的存在，肯定了麦克斯韦的价值。麦克斯韦也被公认为："牛顿以后世界上最伟大的数学物理学家"。

诺贝尔奖的设立者诺贝尔

在世界科学史上，为人类科技事业的发展做出突出贡献的科学家数不胜数，但是像阿尔弗雷德·贝恩哈德·诺贝尔这样的人却是屈指可数的。他不仅把自己的毕生精力全部贡献给了科学事业，而且还在身后留下了遗嘱，把自己的全部遗产捐献给科学事业。今天，以他的名字命名的科学奖已经成为了举世瞩目的科学大奖，用以奖励那些勇于向科学高峰攀登的有志青年。诺贝尔这个名字和人类在科学探索中所取得的成就将一道留在人类社会发展的文明史册上，成为人类智慧的结晶，科技进步的标志。

诺贝尔1833年10月21日，出生在瑞典首都斯德哥尔摩一个勤奋的家庭。父亲伊曼纽尔·诺贝尔是一位颇有才华的机械师、发明家。他研制的水雷，曾经在1853年爆发的克里米亚战争中，被俄军用来阻挡英国舰队的前进。他的母亲娅赛，是以发现淋巴管而著名的瑞典博物学家鲁德贝克的后裔，很有文化教养的妇女。在这样一个充满科研气氛家庭的耳濡目染下，诺贝尔从小就对科学产生了浓厚的兴趣。

虽然从小体弱多病，但是诺贝尔意志很顽强，从来不甘于落后。17岁时，便以工程师的名义远渡重洋，来到美国，在著名工程师艾利逊的工场里实习。实习期满后，他又到欧美各国考察了4年。每到一处，诺贝尔就立即开始工作，深入了解各国工业发展的情况。当时许多国家迫切要求发展采矿业，加快采掘速度，炸药不能适应需要，这是一个亟待解决的大问题。就在这时候传来了一个惊人的消息：法国军械专家皮各特将军，在研究改进子弹的射程和速度时，发现现有的炸药，不可能有更好的结果，必须改良炸药。

诺贝尔得知这个消息，马上全力以赴投入到这项研究当中。1863年开始生产甘油炸药，但是在这种炸药投产后不久，工厂发生爆炸，诺贝尔最小的弟弟埃米尔和另外 4 人不幸遇难。由于危险太大，瑞典政府禁止重建这座工厂。

这时，被认为"科学疯子"的诺贝尔，为了减小搬动硝化甘油时发生危险，只能在湖面的一只船上进行实验。在一次偶然的机会，他发现了硝化甘油可以被干燥的硅藻土所吸附；这种混合物可以安全运输。这一发现使他找到了改进黄色炸药和雷管的方法。不久，他成功地研制出一种威力更大的炸药爆炸胶，并于 1876 年取得专利。大约十年后，他又研制出最早的硝化甘油无烟火药弹道炸药。

诺贝尔一生致力于炸药的研究，共获得技术发明专利 355 项，并在欧美等五大洲二十多个国家开设了约一百家公司和工厂，积累了巨额财富。但是他对金钱并无兴趣。在他逝世的前一年立下遗嘱，将自己的全部财产作为一笔基金，每年以其利息作为奖金，分配给那些在前一年中对人类做出贡献的人。奖金分成物理学、化学、生物学和医学、文学及支持和平事业等 5 份，授予世界各国在这些领域对人类作出重大贡献的人。

诺贝尔奖不仅仅表明了这位科学家的伟大人格，而且随着世界科学技术的飞跃发展，越来越成为世界科学技术冠军的标志，极大地促进了世界科学技术的发展和世界科学文化的交流。

元素周期律的发现者门捷列夫

在化学教科书中，一般都附有一张"元素周期表"。这张表把一些看起来似乎互不相关的元素统一起来，组成了一个完整的自然体系。这一发明，促进了近代化学的发展，是化学史上的一个伟大创举。这张表的最早发明者就是俄国化学家门捷列夫。

德米特里·伊万诺维奇·门捷列夫 1834 年 1 月生于西伯利亚，在有十七个子女的庞大家庭中，门捷列夫排行十四。他出生刚数月，父亲便因双目失明而丢掉了中学校长的职务。微薄的退休金难以维持生计，父亲不得已举家搬进了附近的一个村子，在那里的一个小型玻璃厂工作。玻璃厂里面熔炼和加工的场景，对日后门捷列夫从事化学研究产生了很大的影响。在母亲的帮助下门捷列夫于 1854 年大学毕业，并荣获学院的金质奖章，23 岁成为副教授，31 岁成为教授。

门捷列夫是一位极富才华的科学家，足以称得上是俄罗斯民族的骄子。1860 年，在考虑《化学原理》的写作计划时，门捷列夫发现无机化学缺乏系统性并深为这种混乱所干扰。为此他开始搜集每一个已知元素的性质资料和相关数据，把能找到的全都搜集在一起。在前人研究的基础上，他发现一些元素除有特性之外还有共性。

于是，门捷列夫开始试着排列这些元素。他把每个元素都建立了一张长方形纸板卡片。在每一块长方形纸板上写上了元素符号、原子量、元素性质及其化合物。然后把它们钉在实验室的墙上排了又排。经过了一系列的排队以后，他惊奇地发现元素的性质随着原子量的递增而呈周期性的变化，即元素周期律。

根据元素周期律，门捷列夫将当时已知的 63 种元素列成一个周期表，从而初步完成了元素系统化的任务。他还在表中留下空位，预言了类似硼、铝、硅等未知元素的性质，并指出当时测定的某些元素原子量的数值有错误。

若干年后，他的预言都得到了证实。门捷列夫工作的成功，引起了整个科学界的震惊。好多外国科学院纷纷聘请他为名誉院士。一次，有个记者问他是怎样想出周期律的，门捷列夫听了大笑："这个问题我考虑了 20 年之久，而您却认为我坐着不动，5 个戈比 1 行、5 个戈比 1 行地排列着，突然就成功了？"

从立志做这项探索工作时起，门捷列夫就不怕指责，不怕嘲讽，花了 20 年的时间，才把化学元素从杂乱无章的迷宫中分门别类地理出了一个头绪。人们为了纪念他的功绩，就把元素周期律和周期表称为门捷列夫元素周期律和门捷列夫元素周期表。

门捷列夫是一位精力充沛、成绩卓著的科学家。除化学外，他还研究过气体定律、气象学、石油工业、农业化学、无烟火药、度量衡等。由于他总是夜以继日地顽强地工作，在他研究过的领域中，都在不同程度上取得了成就。这位享有世界盛誉的科学家，因心肌梗塞与世长辞了。但他给世界留下的宝贵财产，永远存留在人类的史册上。

生物发生律的发现者海克尔

　　海克尔是德国著名的动物学家、哲学家和进化论者。他的一生都在传播和捍卫达尔文的进化论，并且把进化论的观点推广开来，结合自己的研究成果建立了"一元论哲学"。从一定意义上来说，他推动了当时反基督教的活动，在当时产生了积极的影响。

　　奥古斯特·海克尔于 1834 年 2 月 16 口生于波茨坦，1919 年 8 月 9 日逝世。早年他先后师从过动物学家克利克、细胞病理学家魏尔啸及生理学家弥勒学习医学和生理学。在大师们先进的理论和思想引导下，24 岁的他拿到了博士学位。两年后他参加了地中海动物学的考察队。在那里，海克尔进行了放射虫的分类研究，并取得了突破性进展。

　　海克尔第一次接触到并阅读达尔文的《物种起源》是在地中海考察期间，他对进化论深信不疑，并决心做一个宣传和捍卫达尔文进化论的学者。从此，传播达尔文的进化论是他一生学术活动中的重要内容。

　　为了更好的宣传进化论，他先从哲学上寻找突破点。把"一元论哲学"推及到生物界，即世界上一切现象都是某种"一元物"发育、进化的结果。并先后出版了《普通形态学》、《自然创造史》、《人类的发生或人的进化史》等著作，来推广进化论。

在宣传的同时，他逐渐把进化论的观点嫁接到了自己的理论之中，形成自己的理论。1874 年他提出"生物发生律"，即"个体发育是系统发育简短而迅速的重演"，这就是当时著名"复演"说。它的提出，把遗传学的产生提上了日程。为了寻找理论支持，他进一步对海绵体胚胎进行研究，提出了科学史上有名的"原肠祖说"。依据现代的科学，这显然是不正确，但在当时也是进化论积极思想的体现。

海克尔并非一个严格的无神论者。他出生于一个基督教家庭，但他反对创世论，认为世界万物是有灵魂的，上帝与万能的自然规律是同一的。

在《形态学大纲》中，他写道："高等人与低等人之间的差别比低等人与高级动物之间的差别要大。"在《永久》中他更为直白地说："每个教育良好的德国战士……在智慧和道德价值上要比上百个英国、法国、俄国和意大利所能提供的原始的自然人要高。"这无疑给了德国优生论极大的启发。1905年，海克尔自己也加入了"优生论社团"。

这些言论使海尔克在历史上成为纳粹主义的铺路人，尤其是海克尔利用在学术界的权威地位来普及他的政治观点。

晚年的海克尔，创立了"一元论者协会"，全身心投入到哲学研究上，并把科学研究统一到哲学上。此外，还把他的"一元论"引向了精神世界，得出"精神与物质是统一"的观点，这显然有些偏激。但他对达尔文的进化论进行了大力宣传，并绘制动物系谱图、提出了"生物发生律"等，推动了继达尔文之后整个生物学的发展。

集合论的创立者康托尔

康托尔是德国数学家，数学集合论的创始者，1845 年 3 月 3 日生于圣彼得堡，11 岁时移居德国。他很小的时候就表现出了极高的科学天赋，并且选择了数学作为自己的专业。1867 年获得了柏林大学的哲学博士学位，1869 年通过了哈雷大学讲师资格考试，成为该校的讲师，1879 年升任教授。

随着科学的进步，数学理论的研究逐渐转向其本身，例如："整数究竟有多少"、"一个圆周上有多少个点"、"0—1 之间的数比一寸长线段上的点还多吗？"当我们在无法回答这些涉及无穷量数学难题的时候，集合论也就应运而生了。

康托尔提出了集合的概念，并提出了一一对应的方法，由此而造成了对无穷中的悖论的研究。

"悖论"是在科学研究中推出的一些合乎逻辑的但又荒谬的结果，所以与当时的许多传统观点格格不入，因此许多数学家都采取敬而远之的态度。在康托尔研究的刚开始人们都说他的理论是"雾中之雾"，难以明晓。他的老师还攻击他说"康托尔走进了超穷数的地狱"，年轻的康托尔在这种条件下顶着重压向神秘的无穷宣战了。

靠着天才的智慧和辛勤的汗水，康托尔证明了一条直线上的点能够和一个平面上以及空间中的点一一对应。依此理解 1 米长的线段内的点与印度洋面上的点是"相等的"。他抓住这个结论不放，展开深入的研究并得出了许多惊人的结论。

1884 年，康托尔发表了题为《关于无穷线性点集》6 篇论文，对他前期的研究作了一个总结。论文发表之后，并不像他事前想象的那样会引起数学界的轰动，相反的是遭到了很多人的反对，甚至攻击和谩骂。刚开始他并没有放在心上，可是这种攻击越来越严重，他的集合理论被说成像"雾"一样见不得阳光，德国数学家克罗内克是一个天生的怀疑者，他对康托尔的攻击长达10年之久，是言词最为激烈的一个。迫于数学界的攻击与压力，康托尔被冠以"疯子"的称号。这种精神压力日积月累使他心力交瘁，最终患了精神分裂症，被送进精神病医院，从此他再也没有出来，直到逝世。

真理总是能经得住时间的考验的。随着数学研究的发展，许多数学家发现康托尔的理论具有很强的科学性。1897年，他的理论在第一次国际数学家会议上得到了公认。遗憾的是康托尔仍然神志恍惚，无法从人们的崇敬中得到安慰和喜悦。1918年，康托尔在哈勒大学附属精神病院去世。

康托尔的去世为数学的发展带来了很大的损失，他之所以发疯也有着很深的个人原因和社会原因。他天性敏感容易激动，把别人的批评看得过重。因而对于反对意见难以从学术角度去应付，当面对攻击与指责时，他找不到解决问题的出路转而求助于神学观点和柏拉图信仰主义，这样的结局是他个人的悲剧也是社会的悲剧，同时也是科学研究本身的难题所致。

第一个获得诺贝尔物理学奖的科学家伦琴

信息科技高速发展的 21 世纪，X 射线图、核磁共振成像（MRI）、计算机放射成像（CR）、数字放射成像（DR）等各种数字化医疗影像新技术不断涌现，大幅度提高了疾病诊断的准确性。今天，我们对于这些先进科学技术的运用，并不感到新奇，但是在 1896 年的元月，X 射线的发现却在世界范围内引起了巨大的轰动。

人们对这些射线感到无比的惊讶，几乎任何东西对他们来说都是透明的，用这些射线可以十分清楚地看见自己的骨骼和没有肉但是带有指环的手指。它能穿透普通光线所不能穿透的材料，因此，在社会上引起了巨大的轰动，并带来医学界的一次革命。

发现这个特殊光线的人就是德国物理学家威尔姆·康拉德·伦琴，他于 1845 年 3 月 27 日生于莱因兰州的伦内普镇。3 岁时全家迁居荷兰并入荷兰籍。1865 年迁居瑞士，并在苏黎世联邦工业大学机械工程系学习，1868 年毕业，1869 年获博士学位，后一直担任声学家孔托的助手，1870 年返回德国，先后在维尔茨堡大学和斯特拉斯堡大学任教。

伦琴因为发现 X 射线而赢得了巨大的荣誉，并因这一发现而荣获了首届诺贝尔物理学奖，他也因此而闻名于世。不过他在物理学的许多领域也取得了突出的成绩，例如介质在充电的电容器中运动时的磁效应、气体的比热容、晶体的导热性、热释电和压电现象等，但这些贡献因 X 射线的成就，大多不为人所注意。

发现 X 射线是在一个很偶然的机会，当时伦琴在进行阴极射线的试验，为了避免干扰他将管子密封了起来。使他吃惊的是他第一次发现放在射线管附近的氰亚铂酸钡小屏上发出了微光，这引起了伦琴的极大兴趣，他连续几天废寝忘食地研究，终于确定了荧光屏上发出的光是由于射线管中发出的某种射线所致，它是一种鲜为人知的新射线。由于当时对这种射线的性质和属性了解甚少，所以就暂称它为 X 射线，表示位置的意思。

后伦琴又继续他的研究和实验，发表了好几篇有关 X 射线的论文，并且用这种射线拍摄了维尔茨堡大学著名教授克利克尔一只手的照片，从此引起了全世界的轰动。伦琴因此收到了世界各地的讲学邀请，但是除了一个例外以外，他均以委婉的说法谢绝了所有人的邀请，原因就是他要继续研究它的 X 射线。

这唯一的一个例外就是德国皇帝。1896 年 1 月 13 日他给皇帝演示了他的 X 射线，并获得一枚勋章。

伦琴是一位谦虚而高尚的人，最初克利克尔教授提议将他发现的新射线定名为"伦琴射线"，他却一直坚持用"X 射线"这一名称。并坚决拒绝高价换取他专利权的柏林电气协会。他所得到的诺贝尔奖金也交给了维尔茨堡大学作为科研经费。

伦琴把自己的一生全部献给了科学，对物质利益十分淡薄，他是第一个得诺贝尔奖金的人。他一生唯一的懊悔和遗憾是，1914 年在德国军国主义休戚相关的宣言上签了字。为此他相当的苦恼，直至 1923 年 2 月 10 日在慕尼黑逝世前夕，也为此事内疚。

条件反射理论的创始人巴甫洛夫

巴甫洛夫是一位伟大的心理学家，但至死都不让别人这样称呼他。他在自己年轻时最不愿意研究的领域研究了一生，而且还做出了巨大的贡献。

巴甫洛夫1849年9月26日出生在俄国中部梁赞的一个乡村牧师家庭，从小接受的是神学教育，后来进彼得堡大学攻读生理学，获得学位后不久，出国深造，受到当时最杰出的生理学家的喜爱并对其言传身教。回国以后，巴甫洛夫进入彼得堡军事医学院，并将全部精力投入到消化方面的研究上，取得了突破性的研究成果，因此获得1904年度的诺贝尔生理学和医学奖。

由于从小受家庭环境的影响，巴甫洛夫并不愿意做一名心理学家，甚至对心理学家带有一种仇视，严禁任何人在自己的实验室里使用心理学术语，否则"将毫不留情地击毙他"。然而，就是这样一个极度仇视心理学的人，却在心理学上取得了重大发现——这也许并不是他的本意！

巴甫洛夫之所以能在心理学界成名，得益于他对条件反射的研究。要说他的研究机缘，那就必须提及他的老本行——消化研究。当时，巴甫洛夫正是对狗的消化研究，在一个偶然的机会找到了观测狗消化系统工作的方法，从而将他推向了心理学研究领域。经过反复试验之后，他得出了条

件反射理论。后来，他的成果被行为主义学派所吸收，成为制约行为主义的最根本原则之一。

接下来，巴甫洛夫彻底把研究转到了神经研究上，但实验用的还是狗。在实验中巴甫洛夫发现，狗的有些反射是暂时的和可建立的，而有的反射是不需要条件的，从而证明了大脑和高级神经活动由无条件反射、条件反射双重反射形成的。在此基础上，他还提出了人与动物的神经不同在于：人除对外界直接影响的反应外，还有引起人高级神经活动发生重大变化的第二信号系统——语言。这也是人类特有的思维生理基础。

从 1878～1890 年，巴甫洛夫把研究的重点转移到了血液循环中神经作用的问题。在研究过程中，他在温血动物的心脏上发现了一种只能控制心跳的强弱特殊的营养性神经。后来人们把这种神经就称为"巴甫洛夫神经"。自此创立了神经营养学。

晚年的巴甫洛夫，对心理学的态度不再像年轻时那么仇视了。他还表示："只要心理学是为了探讨人的主观世界，自然就有理由存在下去"，但对自己，他没有留下任何余地。即使在弥留之际，他唯一牵挂的就是不要后人称自己是心理学家。虽然如此，鉴于他对心理学领域的重大贡献，人们还是违背了他的"意愿"，并尊他为行为主义学派的先驱。

天然放射性的发现者贝克勒耳

　　贝克勒耳，一译柏克勒尔。其诞生于法国巴黎的一个科学世家，祖孙三代都是法国科学院院士。也许是因为遗传，贝克勒耳从小偏爱自然科学，中学毕业后，考入巴黎工业大学。1888 年，贝克勒耳获得博士学位，次年当选为法国科学院院士，此后不久便升任巴黎自然博物馆和巴黎工业大学教授。

　　热爱阳光是贝克勒耳的一大特点，他踏上科学之路也同样是从光学开始的。1888 年，他在光对偏振平面及其传播方向的研究上获得了突破，这也为他赢得了早期的荣誉，但是这些都无法和他之后的成就相比。

　　在一次法国科学院的例会上，贝克勒耳看到了伦琴发现 X 射线的论文，欣喜若狂，他坚信在这个领域里一定隐藏着鲜为人知的宝藏。从此，他就踏上了研究射线的道路。

　　科学之路永远不会像高速公路那样平坦。面对一个全新的领域，贝克勒耳就像一个迷路人找不到前行的方向。后来，他从伦琴和庞加来关于研究 X 射线实验中得到启发，重新走进了实验室，意外出现了，他发现了 X 射线具有放射性。

　　X 射线放射性的发现，虽说是一个意外惊喜，但是这与贝克勒尔长期的试验研究、夜以继日的工作是分不开的。他受法国数学物理学家庞加来有关穿透射线理论的影响，从而推想出可见光和不可见 X 射线的产生是出于同一机理的论断，且进行了一系列试验，虽然初期的多次试验均失败了，但并未挫伤贝克勒有追求真理的进取心。

　　在庞加来的另一篇有关 X 射线文章的影响下，他再次投入了荧光和磷光的试验研究。功夫不负有心人，他终于找到了铀盐这种效应，并且证明了铀盐在强光照射下，不仅会发可见光，还会发穿透力极强的 X 射线。后来经过进一步的研究发现这种射线只是一些与 X 射线有着相似性质的射线，并非 X 射线，放射性现象就这样被发现了。

这一发现又给了居里夫人很大启示，之后，戏剧性的一幕出现了，他们两人的研究突破交替出现，最终发现了天然放射性。据说，居里夫人为表示他们之间的友谊，还把自己提炼的镭盐赠与贝克勒耳。科学界为了表彰他的杰出贡献，将放射性物质的射线定名为"贝克勒尔射线"。为了表彰他们的功绩，1903 年的诺贝尔物理学奖一半授予贝克勒耳，以表彰他发现了自发放射性；一半授予法国物理学家居里夫妇，以表彰他们对贝克勒耳发现的辐射现象所作的卓越贡献。

贝克勒耳的勤勉不亚于任何一位科学家，他在实验室里的时间比在任何地方的时间都要长。但不了解放射性危害的贝克勒耳，在没有防护的情况下长期接触放射性物质，健康受到了极大的危害，就在他的研究生涯处于黄金时期，身体垮了下来。在他力不从心的时候，他仍舍不得离开实验室。后来医生劝他住院治疗，他仍然坚决地说："除非把我的实验室搬到我疗养的地方，否则我决不离开！"。

天然放射性的发现，开创了原子核物理学的新时代。1908 年 8 月 24 日，56 岁的贝克勒耳被他心爱的放射线夺去了生命，在他临死的时候，念念不忘的仍是他为之未做完的实验，这可谓是"生死相恋"。后人为纪念这位放射性研究的先驱者，特地把放射性活度的单位命名为"贝克勒耳"，简称"贝克"。

单质氟的制取穆瓦桑

制取单质氟是 19 世纪下半叶无机化学重大课题之一。曾经为了制备这个被称为"不驯服的元素"的氟，许多化学家前仆后继共同为之奋斗了七十多年。穆瓦桑吸取了前人的经验教训，用低温电解氟氢化钾（KHF_2）的无水氢氟酸溶液的方法，成功制出了单质氟，在科学界引起了轰动。

穆瓦桑 1852 年 9 月 28 日生于巴黎，从小对化学非常着迷，但是由于家庭贫穷，不得已中途辍学，18 岁时开始给一个药店当学徒，在此期间，他靠勤工俭学，得到了他认为必要的教育。1879 年取得了职业药剂师的资格。

勤奋刻苦的性格和过人的才华使他在同行界赢得了良好的口碑。1882 年，穆瓦桑结婚，岳父是一个富有同情心的药剂师，且对他格外的器重。在岳父的资助下，穆瓦桑专攻化学，3 年后取得了博士学位。

自从戴维时代以来，化学家们认为氟这种元素是存在的，其特性必是与氯相似或甚至更加活泼。许多化学家都试图析出这种气体，戴维本人也试过，并曾经预言磷和氧之间有极大的亲和力，如果让氧和氰化磷在萤石制成的容器中反应就会得到单质氟。但是戴维本人并没有完成这一实验，因为当时他还不知道氟化磷的制法。盖·吕萨克和泰纳尔也试过做这种实验，但都没有成功。

穆瓦桑的化学老师埃德蒙·佛雷米早在 19 世纪 70 年代就已对离析元素氟产生了兴趣。在老师的影响和引导下，穆瓦桑逐渐步入了这一领域。

在这项研究过程中，化学家们受到氟和其他化合物的严重毒害，甚至有些化学家因此而丧生。穆瓦桑也为此吃尽了这种猛烈元素的苦头。在四十岁的时候，他不无伤感的说，氟已经使他的生命缩短了十年，但是他还是毅然决定承担起这个危险的任务。

经过一系列实验，他得出析出氟的唯一方案——电解氟化氢，穆瓦桑按照弗雷米的方法，在铂制的曲颈瓶中蒸馏氟氢酸钾，来制取无水氟化氢。他用铂制的 U 形管作电解容器，用铂铱合金作电极，并用氯仿作冷却剂，把无水氟化氢冷却到 $-23℃$，再进行电解。

实验方法的确巧妙，但实验的结果并不尽如人意。在实验中，阴极上有许多氢气生成，但在阳极上却没得到氟。经过检查，穆瓦桑发现装电极的塞子被腐蚀了，他推断生成的氟跟塞子反应了。以后穆瓦桑在寻找不跟氟发生反应的材料上花费了不少时间，最终找到了萤石。经过长时间的加工，萤石塞子终于做成了，许多年来化学家梦寐以求的理想终于达到了。

1886 年 6 月 26 日，穆瓦桑在电解无水氟化氢时，收集到的氟跟水发生反应而生成臭氧，跟氯化钾反应时生成氯气。通过各种化学反应，穆瓦桑发现氟有惊人的活泼性。

穆瓦桑除了制出单质氟以外，还设计出了一种用电弧加热的特殊电炉，后人称它为穆瓦桑电炉。这种电炉被广泛用于加热难熔的氧化物，不仅还原出大量的金属（钼、钽、铌等），还制取出了很多的金属氮化物、硼化物和碳化物。他也因在这两方面的贡献而获得了 1906 年诺贝尔化学奖。但长期在有毒气体的环境下工作，他的身体受到了严重危害，1907 年 2 月 20 日，年仅 54 岁的穆瓦桑在巴黎去世。

细胞化学的奠基人科塞尔

19世纪60年代末，瑞士科学家米歇尔在伤口脓液的白血球细胞核中离析出核蛋白，取名为"核素"。不过这种物质在落到德国生物化学家科塞尔里手里以前，一直是一种不很明确的东西。科塞尔在对核酸研究时，发现了核蛋白的结构，并在此基础上创立了蛋白质结构理论，开创了一门新的学科——细胞化学，他也因此成为细胞化学的奠基人。

科塞尔于1853年出生在瓦尔诺夫河畔，父亲是商人。小时候，除了样子以外，科赛尔几乎找不到自己和父亲的相似之处，父亲也曾为他沉默寡言的性格而担心不能继承自己的事业。不过喜欢安静的科塞尔对观察和研究周围的事物，尤其是对植物的生长特别感兴趣。一到假日，他便背上自己制作的标本箱到野外采集标本。据说在上小学的时候，几乎收尽瓦尔诺夫河畔的各种植物，科赛尔还得到了一个"植物迷"的美称。

科塞尔得到"植物迷"的美称，仿佛得到了至高的荣誉，但他在父亲眼里，这是没出息的表现。1872年，没有拧过父亲的科塞尔进入斯恃拉斯堡帝国大学攻读医学。在这里，生物化学的前驱霍佩塞勒格对沉默寡言的科塞尔甚是器重，并劝他好好学习医学，为将来能成为一名合格的生理化学家做好准备。

1878 年，科塞尔取得医学博士学位后开始给霍佩赛勒当助手，从此，一个生物化学家就一步一步成长起来了。

在科塞尔涉足核酸以前，霍佩赛勒也亲自研究过，但没有得出理想的结果。1879 年科塞尔转也入核素的领域，开始了对此物质的研究。

核蛋白（"核酸"）和别的蛋白质非常相似，但它们的天然物却不同。当核酸分解时，科赛尔发现三种不同的嘧啶：胸腺嘧啶（这是他第一个离析出来的）、胞嘧啶和尿嘧啶。接着科塞尔在继续研究精子细胞中的蛋白质时，发现其中含有丰富的组氨酸（一种氨基酸）。这时他突然意识到核蛋白原来比普通蛋白质简单得多。时隔不久，一种十分精细的普通蛋白质的结构理论产生了。这一理论看似普通，但在研究细胞的化学特性及化学组成方面是奠基之作，也是细胞化学建立的开端。

科塞尔没有意识到核酸研究的全部重要意义，但科学界对他的理论特别重视。1895 年他被委任为马尔堡大学生理学教授。六年后，科塞尔在海德堡大学接替屈内任生理学教授。1910 年，因对蛋白质和核酸的研究赢得诺贝尔生理学和医学奖的荣誉。

20 世纪初，由于科塞尔取得的成就，使得德国的生理学和医学飞速发展，从而居于世界领先水平。他的作品《医学化学课程教科书》、《生物化学之难题》、《化学和生理学之关系》等被翻译成多国文字，流传世界各地。

这位细胞化学的奠基人在荣誉而前没有放慢脚步，甚至退休之后，他仍兢兢业业地工作，直至 1927 年 7 月 5 日逝世。在他去世后，细胞化学开始蓬勃发展起来，并在医学和生物学上逐渐显示出了巨大的作用。

代数拓扑学的奠基人庞加来

19 世纪中后期，一个曾患过运动神经系统疾病，视力以及书写能力都有很大缺陷的孩子，推开了数学的大门，并在数学的国度中开辟出了自己的一片天地。这位连路都走不稳的孩子就是后来的法国数学家庞加来。

庞加来，一译彭加勒。其 1854 年 4 月 29 日生于法国南锡。他的父亲虽是一位医生，但还是没能完全治愈他小时候患的神经疾病以及喉头麻痹症，结果留下了严重的后遗症。庆幸的是，病症没有影响到大脑。

也许是上天对庞加来的补偿，给了他似"照相机式"的记忆力和高度集中的注意力，由于眼睛和手的缺陷，他养成了在脑子中完成复杂计算的能力。

1873 年，庞加来以第一名的成绩考入了巴黎综合工科学校，两年后又转入高等矿业学校学习工程，25 岁时，被法国科学院授予数学博士学位，旋即去卡昂大学理学院任讲师。1881 年，任数学和物理教授。次年当选法国科学院院士。

虽然身体不好，但庞加来对于科学研究从来没有懈怠过。在不懈的努力下，使他不但在数学领域获得了突出的成就，成功解释了"三体"之间相互运动的问题，还在对相对论和量子力学进行研究中，成为此领域的思想先驱。

在 34 年的科学研究生涯中，庞加来发表了 500 余篇论文和 30 多部专著，其中囊括了天文、数学、物力等诸多学科及其分支。这对于一个健康的人来说也是一个艰巨的任务，更何况庞加来是一个有身体缺陷的人。

庞加来对数学研究几乎遍及了所有的领域，但他的最大贡献是在拓扑学上。他在讨论几何图形的组合理论时，对有序系统的内在非平衡性进行了系统的考察和阐述，为代数拓扑学的产生奠定了基础。他也因此被称为代数拓扑学的奠基人。这在数学史上是一件不朽的贡献，拓扑学的出现不仅对现代分析学的发展起了极大的推动作用，还对物理学、化学、生物学、语言学等产生了极为深远的影响。

作为19世纪后期20世纪初数学界的领军人物，庞加来的一生大部分时间都在思考和研究数学，在取得丰富成果的同时，也赢得了极高荣誉。他几乎获得法国一切荣誉，此外还获得了多个国家的奖赏并受聘于三十多个国家的科学院。不幸的是庞加来在1912年7月17日于巴黎病逝，终年59岁。

伟大的自然改造者米丘林

20 世纪早期，近代植物学处于发端阶段，如果在那个年代，有哪位生物学家培育出了一两个新品种，那就是很了不起的成就了。而米丘林一生培育出 300 多个新品种。

米丘林是 20 个世纪俄国最伟大的生物学家，他的苗圃如同一个现代化的植物园，不仅种植着来自世界各地植物，还种植着世界上独一无二的新品种。这是他一生的财富，也是他一生的心血和汗水，更是他为生物学所作贡献的浓缩。

米丘林生活的年代，进化论思想广泛流行且争论激烈。受达尔文影响，米丘林认为，生物体与其生活条件是统一的，生物体的遗传性是其祖先所同化的全部生活条件的总和。这就是说，环境是导致遗传变异的原因。在这种指导思想下，米丘林开创了植物定向栽培法，将人类对生物学的认识推向了一个全新的阶段。

到 1935 年时，他育成的各种果类达三百多种。不仅把南方果树、浆果及其他植物的生长界限向北扩展了一千公里，更重要的是为辩证唯物论的生物科学奠定了一个坚强的基础。此外，在他创立的学说中关于无性杂交、杂交亲本组的选择、春化法、气候驯化法、阶段发育等理论，对提高农业生产和获得植物新品种具有实际意义，得到了世界的普遍接受。

也许人们会问：这么伟大的科学家一定是一位受过多年系统学校教育、有良好实验条件和充裕研究经费的人吧？答案恰恰相反：米丘林没有上过大学，没有读过高中，甚至初中也没有读完。米丘林于 1855 年 10 月 27 日出生于俄罗斯梁赞州米丘林斯克的一个园艺世家。在家庭环境的熏陶下，他从小就对园艺发生了深厚的兴趣。由于园艺师在当时的地位十分的低下，贫困的家境让他失去了求学的机会。

为了谋生，他不得不迁就一个待遇菲薄，几乎不够维持最低限度的生活职位。纵使在这样艰难的条件下，他还是用拼命节省下来的钱，租下一个荒废的小果园，从事实验研究。他在自传里说："在那时，我常常禁止自己购买最低廉必需品，从公司的薪金里面节省下极微少的钱，用来购买树木和种子"。就是在这样艰苦的条件下，米丘林每天做很多的工作，常常深夜不睡。

随着植物的增多，他无暇再从事工作。不得已他辞掉了职务，用很少的钱在离城六里的地方买了一块土地。在接下来的日子里，米丘林把自己的全部精力都放在了这块土地上。

为了培养耐寒的杂种树木的需要，12 年后，米丘林在离科兹洛夫二公里的顿土卡雅村附近找到了一块荒芜的土地，又把果树移过去。这里是他研究生涯的最后一站，也是生命的最后一站。

米丘林是勤奋可佩的工作者，一生不知疲劳，他从园艺实践中积累了很多丰富而宝贵的知识，创造了许多科学上极珍贵的成绩。但在经济上他是一个穷人，为了实现建一所园艺学校，他不得不求助沙皇政府，但得来的却是嘲笑和愚弄。直到十月革命成功后，苏联政府才给了这个生物学家应有的重视。

得到了政府的支持后，米丘林迎来了研究生涯中迟到的春天。新培育的品种如雨后春笋般地出现在了他的苗圃，创立的学说和培育的方法也得到了广泛的传播和推广。1931 年苏联政府为了表彰他的贡献，特授予了米丘林列宁勋章和科学与技术上的劳动英雄的称号。

1935 年 6 月 7 日，曾为植物育种工作达 60 年之久的米丘林在自己的家乡去世。但在人类征服自然的科学道路上，他以坚韧不拔的精神，克服了艰难险阻，创造了一个光辉的远景。

神经系统的哲学家谢灵顿

　　"神经系统的工程师"这是后世人送给英国伟大生理学家谢灵顿的美誉，之所以有此美誉是与他为人类作的突出贡献分不开的。他把几个世纪以来一些零打碎敲得出的关于神经系统结构功能的资料和科学理论，进行了系统研究与深入探索，建立了生理学研究所需要的解剖学基础，为神经解剖学作出了突出的贡献，不愧为神经系统的工程师。

　　查尔斯·谢灵顿于 1857 年 11 月 27 日生于英国伦敦的伊斯灵顿，从小热爱科学、哲学、诗歌和历史，21 岁时他进入了伦敦圣托马斯医学院学习，毕业后前往剑桥，成为凯厄斯学院的成员。1891 年任伦敦大学兽医院布朗研究所的教授和所长，4 年后任利物浦大学教授、牛津大学教授，1920～1925 年为英国皇家学会主席。1932 年，由于在研究神经系统功能上的杰出成就，与英国生理学家 E. D. 阿德里安共同获得诺贝尔生理学和医学奖。

　　1894 年谢灵顿发现了支配肌肉的神经中含有感觉神经纤维和运动神经纤维。感觉神经纤维将兴奋信息传至大脑，从而决定了肌肉的紧张度。例如，他在反射活动的实验中，证明当一群肌肉兴奋时，相对的另一群肌肉就被抑制。就好像一个人站立着能保持平衡，而未受自觉指导的他的肌肉是在互相对抗着来保持这种平衡，这种交互神经支配理论就被称为谢灵顿定律。

1906 年，在划时代的著作《神经系统的整合作用》中，谢灵顿划出了大脑皮层的运动区，确定了控制身体各部分感觉和运动的区域，对现代神经生理学，尤其是脑外科和神经失调的临床治疗，有重大影响。时至今日，这本书依然是神经生理学的经典，相当于牛顿定律在物理学上的地位。

大脑内部运动皮层图谱的划出，进一步激发了他的研究信心和兴趣。时隔不久，他又指出中枢神经系统的较高中心对较低中心有抑制作用。在 1933 年他出版的《大脑及其作用机制》中宣称，思维与大脑的关系仍然缺乏基础，并且把自己的理论引向了哲学，他也因此被称为"神经系统的哲学家"。

此外，谢灵顿还详细地研究了姿势和行走的反射基础，给中枢神经系统的整合功能作了具体生动的描绘。对《神经系统的整合作用》中所提出的概念定理进行了检验和提炼。提出了"抑制"和"突触"等基本概念。"抑制"是谢灵顿最关注的问题之一，他用 25 年实践所得到的论据。证明了"抑制"虽然在性质上与兴奋相同，并服从同样的规律，但它是一种不同的现象。从伸肌反射和屈肌反射中看到的肌肉收缩现象出发，进而推论"突触"处所发生的情况，从而发现了脊髓运动神经元。

谢灵顿还是一个文学爱好者。在业余时间，他还创作了一些面向普通大众的作品，如为人们广为传阅的巨著《人的本质》、诗集《布拉班图斯的试金石》等等。此外，他还是一个藏书家，在他的书房，收集着不同时期各种版本的图书。1952 年，因心脏病发作，他在英国的苏塞克斯逝世。

电子的发现者约瑟夫·约翰·汤姆生

约瑟夫·约翰·汤姆生，一译汤姆逊，其一生徜徉在物理学的微观领域，为物理学的发展作出了突出的贡献。他发现的电子打破了原子不可再分的传统物质观，向人们宣告了原子的内部结构是可以再分的，它并不是物质的最小单元。电子的问世开辟了电子技术的新时代，敲开了通向基本粒子的物理学大门，汤姆生也因此成为了物理学史上承前启后的伟大物理学家。

英国的曼彻斯特是约瑟夫·约翰·汤姆生的出生地。他父亲是一个书商，他从自己的经历中深刻认识到没有知识的苦处。为了不让儿子重蹈覆辙，他发誓要教子成才，并请了家教来指导汤姆生的学习。

儿时的汤姆生曾梦想成为工程师，后来对物理学产生了兴趣。14 岁时进曼彻斯特欧文学院攻读物理学。但因父亲的病逝，他失去了经济后盾，只能靠微薄的奖学金来维持他的学业。在如此艰苦的条件下他凭借坚强的意志，20 岁时考入了剑桥大学并主攻数学。毕业后，进入卡文迪许实验室，在瑞利指导下进行电磁场理论的实验研究。1884 年，年仅 27 岁的汤姆生被任命为卡文迪许实验室主任。

汤姆生很小的时候就听说克鲁克斯在实验中发现金属阴极能发出不同颜色的光，它到底是什么呢？这一问题引起了他极大的好奇心，但也困扰了他好多年。有些科学家曾断言它是带负电的粒子，但苦于无法证明，终究没有定论。后来，汤姆生想在麦克斯韦的电磁辐射理论中寻找答案，但却一无所得。

1896 年，汤姆生受到英国科学促进会的邀请，来解决这个问题。重任压在了他肩头，为了找到研究的突破口，他翻阅了与之相关的所有理论，结果发现法拉第在 1834 年总结电解定律时就已初步涉及这个问题，这时他深受启发，猜想这种现象很可能就是未经证实过的电子。

结果不出所料，汤姆生用一个奇妙的实验称出了电子的质量，同时也证明了那些各色的光就是电子。就这样一个比原子还小的基本粒子——电子被发现了，从此基本粒子物理学的大门打开了，这在物理学史上是有划时代意义的。他也因此荣获 1906 年度的诺贝尔物理学奖，1908 年又被册封为爵士。

获诺贝尔奖以后，汤姆生对带正电的离子流"极隧射线"产生了兴趣，并投入了大量的精力进行试验研究。1912 年，他发现氖气的离子在实验中表现出了不同的性质，汤姆生认定这是同位素在作怪，从而提出了普通元素也可能有同位素的观点。后来他的学生阿斯顿证明了这一事实。

汤姆生不但是一位卓越的科学家，还是一位优秀的教师和科研事业领导人。在他的领导下，卡文迪许实验室创建了完备的研究生培养制度，培养了良好的科研氛围，使英国能够于 20 世纪前 30 年在亚原子物理学领域保持领先地位。此外，他对学生言传身教，孜孜不倦，培育出了一大批想象力与创造力极强的学生，其中有 7 人获诺贝尔奖，这也使得卡文迪许实验室成为国际物理学研究的最前沿。

1919 年，64 岁的汤姆生推荐他的学生卢瑟福继任卡文迪许实验室主任职位，但他并没有停止科学研究。在最后的 21 年里，他一直在这个实验室坚守着自己的科学阵地。1940 年 8 月 30 日，汤姆生在剑桥与世长辞，但他在科学上做出的贡献永远闪耀着光辉。

地壳和地幔分界面的发现者莫霍洛维奇

在地球内部，地壳和地幔之间的界面被称莫霍洛维奇不连续界面，简称为莫霍界面，发现它的人就是莫霍洛维奇。这一伟大发现是人类对地球内部结构认识的一次巨大飞跃。

莫霍洛维奇是克罗地亚地球物理学家，1857 年 1 月 23 日生于伊斯特拉半岛的沃洛斯克。父亲是造船厂工人，母亲在他很小的时候就去世了。莫霍洛维奇从小就是一个语言天才，15 岁时，他就学会了英语、法语和意大利语，接着他又先后掌握了拉丁语、希腊语、捷克语和德语，这为他学习第一手资料打下了语言基础。

家庭条件不是很好的莫霍洛维奇，能够上大学一直是他的一个梦想。后来如愿进入了布拉格大学后，他倍加珍惜这来之不易的读书机会，在当时著名的物理学家和哲学家 E·马赫指导下进行数学和物理两个专业的学习，并以优异的成绩毕业。

毕业后，没有找到合适的工作的莫霍洛维奇就在一所中学教书。几年后，耶卡附近的巴卡尔皇家航海学院吸纳新人，他以出色的成绩通过了面试。1877 年，他被调到了新建的气象观测站工作，1892 年，被任命为萨格勒布气象台台长。

龙卷风是一种普通的气象现象，但1892 年 3 月 31 日的一场龙卷风来得极为剧烈，将数十人卷起抛到了 30 米的高空，这给他留下了极为深刻的印象。此后他转入了气象学的研究领域。1897 年，凭借在云层的研究他获得萨格勒布大学博士学位。

1908 年，莫霍洛维奇为萨格勒布气象台安装了一台先进的新式地震记录仪器，这使得萨格勒布气象台一跃成为世界上领先的气象观测台之一，这也为他的重大发现做好了准备条件。第二年 10 月 8 日，萨格勒布东南 39 公里处发生了一场大地震。先进的地震测量仪器为莫霍洛维奇提供了宝贵的数据。经过对测量数据的研究，他推测地震波停止传播之间的边界是一种特殊的地质结构层。

1911 年 10 月，莫霍洛维奇利用这台先进的地震记录仪，记录下了一次发生在库勒巴山谷的破坏性地震。数据显示，地震波到达观测站的时间比预计的明显要早，他断定地球的内部结构是分层的。后来他结合地震波传播的特点，对数据进行了深入分析。推断出地球的最外层与内部有一层坚硬的岩层隔开，并且是明显划开的。现在通过尖端仪器和观测手段已经证明莫霍洛维奇的推断。

这一界面被发现以后，引起了科学界对地球内部结构研究的高潮，并不断有新成果出现。现在公认为这一界面是地壳和地幔的分界面，大约位于海平面以下 16—65 千米的地方，但在某些海底仅有 5000 米左右。后来人们为了纪念他的功绩，就把这个分界面称作莫霍面。

作为 20 世纪最突出的地球科学家之一的莫霍洛维奇，不顾视力衰退坚持工作和实验直到近 70 岁高龄才停止，并于 1936 年 12 月 18 日去世。为了纪念这位伟大的科学家，在 20 世纪后期，人们先后将月球上约为直径 77 公里的火山口和小行星 8422 命名 "莫霍洛维奇火山口" 和 "莫霍洛维奇小行星"。

电磁波存在的证实者赫兹

未经科学实验证明的电磁理论，始终处于"预想"阶段。赫兹站在这个科学的转折点，把伟大的预言变成了世人皆知的真理，这一发现推动了物理学的发展，为大规模应用电磁波铺平了道路。

赫兹1857年2月22日生于德国汉堡。他从小思维就活跃，对数学和物理就产生了浓厚的兴趣。十九岁进入德累斯顿工学院学工程，但还是禁不住自然科学的诱惑，第二年转入柏林大学，改读物理学。1885年任卡尔鲁厄大学物理学教授。四年后，接替克劳修斯担任波恩大学物理学教授。

从小就喜欢电磁学的赫兹，后来在恩师赫尔姆霍兹的指引下，对麦克斯韦的电磁理论和韦伯电力与磁力瞬时传送的理论深深吸引，并沉迷其中。在精心研读之后，他开始问自己：麦克斯韦预言的电磁波到底存不存在呢？赫兹决定从实验中寻找答案。

在恩师的指导和帮助下，实验必需的设备——振荡器很快制成了。但接下来的实验却屡次失败，这让他陷入了困境。疲惫不堪的赫兹坐在桌旁，他早已忘记了这是第几次失败。但他没有灰心，坚持做实验。当把所有能想到的情况都试验出结果的时候，他几乎走到了崩溃的边缘。

1888年，他停止试验，开始冥思苦想，在先前努力的基础上新的思路终于出现了。他依照麦克斯韦电扰动能辐射电磁波的理论，设计了一套电磁波发生器，它将以感应线圈的两端接于产生器的二铜棒上，当感应线圈的电流突然中断时，感应高电压使电火花隙之间产生火花，瞬间电荷便经由电火花隙在锌板间振荡。他通过调谐电磁辐射源的内部要素，加大每秒钟振荡的次数进行试验，终于发现了电磁波的存在，并且测出电磁波传播的速度等于光速。这和麦克斯韦预言的结果是一样的，此后他又进一步完善了麦克斯韦方程组，使其更优美、对称，得出了麦克斯韦方程组的现代形式，麦克断韦因赫兹的发现而获得了无上的光彩。

1888 年年初，赫兹把他的试验结果公布于众，立刻引起了整个科学界的注意，影响之大完全超乎了自己的预料。在发现电磁波不到 6 年，用电磁波技术的发明创造如雨后春笋般相继问世，如无线电报、无线电导航、无线电话以及遥控、遥感、卫里通讯等等，使整个世界面貌发生了翻天覆地的变化。

电磁波的发现为赫兹带来了空前的声誉，开创了无线电电子技术的新纪元。但他并未因此满足而驻足不前，而是继续奋斗在试验室，研究了紫外光对火花放电的影响，发现了在光的照射下物体会释放出电子的光电效应。他的这些发现，为后来爱因斯坦发现光量子理论奠定了基础。

赫兹不仅在电磁学方面作出了突出贡献，他还涉足了气象、材料硬度等领域的研究，也取得了可喜的成绩。正当人们对他寄以更大期望时，他却带着年仅 36 岁的生命悄然离去了。为了纪念他的功绩，人们用他的名字来命名各种波动频率的单位，简称"赫"。

量子论的创立者普朗克

普朗克经历了两次世界大战，在战争中，他失去了一切，包括亲人和他一生的研究成果——最珍爱的手稿。遭受这样的打击，对一般人来说是难以承受的，更不要说对一位年过半百的老人。在如此艰难的条件下，普朗克仍以忘我的工作精神抑制了内心的悲痛，为科学做出了一个又一个重要的贡献。

1858年4月23日普朗克出生于德国基尔，少年时随父迁居慕尼黑。中学时代，普朗克在老师缪勒的影响下对物理学产生了浓厚的兴趣。上大学以后，他渐渐将他在物理学上的兴趣锁定在纯理论的领域。1879年获得慕尼黑大学哲学博士学位后留校任教。基尔霍夫逝世后，柏林大学任命他为继任人。他因在黑体辐射研究中引入能量子而荣获1918年诺贝尔物理学奖。

普朗克之所以能走上科研的道路，在很大程度上要归功于中学时的老师缪勒，因为老师给他讲了一个有趣的有关能量守恒定律的故事，"一个建筑工匠花了很大的力气把砖搬到屋顶上，工匠做的功并没有消失，而是变成能量贮存下来了；一旦砖块因为风化松动掉下来，砸在别人头上或者东西上面，能量又会被释放出来。"这个故事给年少的普朗克留下了终生难忘的印象，使他的爱好从音乐转向了自然科学。可见儿时的一些小事情有时会影响人的一生。

大学期间，普朗克十分崇拜赫姆霍茨和基尔霍夫。为了一睹大师们的风采，他在最后一年转到了柏林大学。但两位大师的讲课风格不尽如人意，他只好用自学来满足自己的求知欲望。此外，他还自修了克劳修斯的《热力学》，并且开始研究热辐射问题。

1900年10月19日，他在德国物理学会的一次会议上提出了著名的"普朗克公式"。这个公式虽然没有引起大的影响，但他已是奏响两个月后"量子假说"序曲。

在这个假说中，普朗克打破传统观念，提出辐射过程不是连续的，就像出售的糖块一样以最小份量一小"包"一小"包"地放射或吸收，他把这个最小的能量单位称为"能量子"。这个假说提出的那一刻，量子物理学就此诞生了，普朗克被尊称为"量子论的奠基人"。

成名之后的普朗克受到众人的尊崇，不但被选为英国皇家学会会员，还当选为苏联科学院外籍院士。在回答众人提出他成功的秘密武器时，他的回答很简单："你必须要有信仰"。他所说的信仰是超越宗教之上的科学，是对研究事业执著的爱和对寻求科学真理坚定不移的精神。在他以后的人生和科学研究中，这个信仰支撑着他走过了89年的人生历程从未动摇过。

人生之路不会像水面一样平坦，但他接下来的遭遇实在是过于悲惨。妻子离世，儿子战死，两个女儿先后难产而亡，1944年，他仅存世间的长子被希特勒处死。就是在这样的遭遇下，他用献身科学的信仰压制着内心的悲痛，忘我地工作。

普朗克一生发表了215篇研究论文和7部著作，内容涉及热力学、动力学等许多领域，这些都是人类历史上宝贵的财富。但他最大的成就还是提出了"量子假说"，打破了经典物理学的框架，从而开辟了一个物理学研究的新纪元。1947年10月3日，普朗克在哥廷根病逝，终年89岁。德国政府为了纪念这位伟大的物理学家，将威廉皇家研究所改名为普朗克研究所。

无冕的数学之王希尔伯特

鼻梁上架着的一幅圆形眼镜，深邃的眼神中闪烁着智慧的光芒，这就是希尔伯特。在他的心目中，数学的探索与追求胜过一切。

希尔伯特于 1862 年 1 月 23 日生在德国的哥尼斯堡（现俄国加里宁格勒）。他很小的时候就对数学产生了浓厚的兴趣，并下决心做一个数学家，但父亲却希望他成为一个律师。1880 年，他不顾父亲的反对进入哥尼斯堡大学攻读数学。四年后他获得博士学位，并留校任教。1895 年，转入哥廷根大学任教授，并在此定居。

科学在每个时代都有它自己特殊的问题，解决这些问题对于科学发展具有深远意义。希尔伯特在研究数学问题之余不忘思考数学的发展方向。在 1900 年，希尔伯特发表了题为《数学问题》著名讲演。在演讲中他在前人研究成果的基础上分析数学的发展趋势，提出了 23 个数学问题，这就是著名的希尔伯特问题。

这些问题的提出后，世界各地的数学家们云集在这些问题的周围展开研究，使数学研究出现了前所未有的繁荣。

20 世纪的哥廷根大学是当时世界数学研究的重要中心，希尔伯特研究生涯的大部分时间都是在这里度过的。在这里，他集中精力逐类研究不变式理论、代数教域理论、几何基础、积分方程等问题，并做出了开创性的贡献。但他还是不满足于这些成就，为了克服悖论所引起的危机，他试图对形式语言系统的无矛盾性给于绝对的证明，以消除对数学基础和数学推理方法可靠性的怀疑，但这个美好的愿望他自己没有能够实现。

1930 年，奥地利数理逻辑学家哥德尔证明了希尔伯特方案是不可能实现的，这使他的伟大蓝图变成了泡影，但这一方案在数学思想上的地位是不可磨灭的，正如哥德尔所说："仍不失其重要性，并继续引起人们的高度兴趣。"

稳定的生活为希尔伯特的研究提供了优越的条件，数十年的辛苦研究使他获得了无数的荣誉。但他的性格仍没有一丝的改变，还是那样的正直。第一次世界大战前夕，他面对众人严词拒绝在德国政府发表的《告文明世界书》上签字。战火燃起，他依然公开悼念"敌人的数学家"达布。有人说他不识时务，但他从来不放在心上，依然是我行我素。终究惹来了麻烦，由于他公然反对希特勒迫害犹太科学家的政策而被迫移居他国。1943 年，他在孤独中溘然逝世。

希尔伯特是 20 世纪最伟人的数学家之一，他所提出的问题和设想的方案是数学史上宝贵的财富，为后人研究提供了宝贵的经验。在数学领域，他所创立的希尔伯特空间，使欧几里得空间不再局限于有限维的情形，为泛函数分析、公式化数学和量子力学的产生和发展奠定了基础。

现代遗传学的奠基者摩尔根

在普通人眼里，遗传学是一门神秘的科学，它研究的内容是千百年来人们一直希望了解的生育和遗传的奥秘。进入 20 世纪以来，不少科学家对其进行了研究，试图破译这种遗传密码，让人类能够更科学的认识自己。托马斯·亨特·摩尔根站在前人的研究基础上，利用果蝇进行遗传学研究，创立了"基因学说"的遗传学理论，对遗传学的发展做出了突出的贡献，成为了现代实验生物学的奠基人。

1866 年，奥地利生物学家孟德尔发表了遗传学的奠基之作《植物杂交试验》，提出了遗传定律。同年，美国的生物学家托马斯·亨特·摩尔根于 9 月 25 日出生于美国肯塔基州列克星敦，不管是巧合还是暗示，摩尔根的确是为遗传学而生。童年时代，摩尔根就对博物学有着浓厚的兴趣，他曾经用几个夏天的时间，到乡间、山区和西马里兰州的农村观光游览。为了搜集化石和考察自然界，他还在肯塔基山区同美国的地质勘察队一起工作了两个夏季。

也许是天赋使然，他的一生都在为着生物学界最神秘的领域研究。1880 年，他进入肯塔基大学学习，两年后入该学院本科攻读动物学，1886 年取得了动物学学士学位，并被选为学生代表，当时毕业生中只有 3 人享有这一荣誉。随后转入约翰·霍普金斯大学，在 H·涅维尔·马丁指导下攻读普通生物学、解剖学和生理学。1890 年，他完成了论海洋蜘蛛的博士论文后，正式步入了科学研究的生涯。

摩尔根有着非凡的组织才干和独特的研究作风。在他领导的研究小组中，摩尔根从不以长者自居，而是把自己看作研究组的一名普通人员；在师生之间，消除了各种界限，营造了一种互谅互让的良好学习交流氛围。

1900 年，德国植物学家卡尔·科林斯重新发现了奥地利修道士格雷戈尔·孟德尔的理论，引发了科学家对遗传学的研究热潮。起初，摩尔根并不接受孟德尔提出的遗传因子（现在被称为基因）决定遗传性状的观点。但后来正是他为证实孟德尔的理论提供了不可置疑的实验证据。

摩尔根的实验研究从果蝇开始入手。他在试验室中养了一只白眼雄果蝇，让它和一只红眼雌果蝇进行交配，结果发现下一代果蝇中产生的全是红眼的。这使他极为惊奇，也引起了他继续研究的兴趣。后来在白眼雌果蝇与正常雄果蝇交配的实验中，他却发现其后代中的雄果蝇红眼与白眼参半，而雌果蝇中却没有白眼，全部是正常的红眼睛。

这到底是什么原因呢？经过试验研究，1911 年摩尔根从中找出了答案：代表生物遗传秘密的基因的确存在于生殖细胞的染色体上，且基因在每条染色体内是直线排列的，染色体可以自由组合，而排在一条染色体上的基因是不能自由组合的。这就是他"染色体遗传理论"的重要内容。

果蝇的研究给摩尔根带来了如此巨大的成功，以致后来有人说这种果蝇是上帝专门为摩尔根创造的。因此，他于 1933 年获得了诺贝尔生理和医学奖。

摩尔根不仅在遗传基因领域做出了突出贡献，在胚胎学的研究上亦是功不可没的。在研究当中，他摒弃了当时极为流行的单纯依靠描述性解剖学的研究方法，竭力敦促人们运用定量分析和实验的研究方法。由此在遗传学和胚胎学领域实行了一次研究方法的科学转换，此时生物学向着更精密更科学的方向发展。

　　善于运用同事和学生的思想成果的摩尔根，从不将成果据为己有。当获得诺贝尔奖时，他提出要同终身助手和同事 C·B·布里委斯及 A·H·斯图尔提万特分享，这种独特的个性和民主不拘礼仪的工作方式，得到了很多人的赞扬。

　　摩尔根尽管工作很忙，甚至在哥伦比亚大学的 24 年中只休过一个年假。但颇为有趣的是他依然不失为一个好丈夫，一个很有家庭观念的人，即使工作再忙，他也会每天抽出一点时间与妻子、孩子在一起。1945 年，在胚胎学、遗传学、细胞学和进化论的广阔领域里漫游了一生的摩尔根，在加利福尼亚的帕萨迪纳去世。

两次荣获诺贝尔奖的女科学家居里夫人

1898 年 12 月 26 日，法国科学院人声鼎沸，一位穿着一袭黑色长裙，年轻漂亮、神色庄重又略显疲倦的妇人走上讲台，她就是玛丽·居里。她要和她的丈夫皮埃尔·居里一起，在这里宣布一项惊人发现——天然放射性元素镭。

在居里夫人发现镭之前，1896 年 1 月，德国科学家伦琴发现了人工放射性的 X 射线；1896 年 5 月，法国科学家贝克勒尔发现了天然放射性，并指出含铀矿物能放射出一种神秘射线，但未能揭示出这种射线的奥秘。关于放射性的发现，居里夫人并不是第一人，但她是最关键的一人。她的报告在科学界引起了一次真正的革命，标志着物理学进入了一个新时代。

居里夫人原姓斯可罗多夫斯基，波兰裔法国籍女物理学家、放射化学家，1867 年 11 月 7 日出生于波兰华沙市。1891 在巴黎大学，攻读物理学和数学。1894 年她与法国物理学家皮埃尔·居里相识，第二年结婚，由此开始了他们共同探索科学奥秘的征程。

在前人的研究基础上，居里夫人经常对放射性这一问题进行深入的思考。例如，其他物质有没有放射性？矿物是否都有放射性？在丈夫皮埃尔的帮助下，他们对沥青铀矿进行了分离和分析，试图发现新的放射性物质。经过一系列实验，他们终于在 1898 年 7 月发现了比纯铀放射性要强 400 倍的新元素。为了纪念居里夫人的祖国——波兰，这个新元素被命名为钋（波兰的意思）。

1898 年 12 月，居里夫妇又根据实验事实宣布，他们又发现了第二种放射性元素，这种元素比钋的放射性还强。他们把这种新元素命名为"镭"。但是，当时谁也不能确认他们的发现。因为按化学界的传统，一个科学家在宣布他发现新元素的时候，必须拿到实物，并精确地测定出它的原子量。而居里夫人的报告中却没有钋和镭的原子量，手头也没有镭的样品。

为了拿出实物来证明，从 1898 年到 1902 年，居里夫妇在简陋的由小木棚制造的实验室里，夜以继日的奋斗了近四年，克服了人们难以想象的困难，处理了几十吨矿石残渣，经过了几万次的提炼，终于得到 0.1 克的镭盐，测定出了它的原子量是 225。

镭宣告诞生了！它的发现使全世界都开始关注放射性现象。尽管提取镭的过程是那么艰苦，令人难以想象；尽管镭可能给他们带来数不清的财富；但居里夫妇却没有为他们的发现申请任何专利，居里夫人无私地说："镭不应该使任何人发财，应该属于大家"。

1903 年居里夫人以"放射性物质的研究"为题完成了她的博士论文，并获得了巴黎大学的物理学博士学位。同年，居里夫妇和贝克勒尔共同荣获诺贝尔物理学奖。1906 年，彼埃尔·居里遭车祸去世，这一变故对居里夫人打击很大。但并没有使她放弃执著的追求，她强忍悲痛加倍努力地去完成他们挚爱的科学事业。

居里夫人的一生始终是上进的、积极的。作为一位杰出的女科学家，在仅隔 8 年的时间内就分别摘取了两门不同学科的最高科学桂冠——诺贝尔物理学奖与诺贝尔化学奖，并且一生中获得了难以计数的其他科学殊荣，可谓是智慧超群、硕果累累。但她却全不在意。她将奖金赠给科研事业和战争中的法国，而将那些奖章送给 6 岁的小女儿去当玩具。

因长期从事放射性工作，这位饱尝科学甘苦的放射性科学的奠基人患了恶性贫血症（白血病），1934 年 7 月 4 日不幸与世长辞。居里夫人为人类的科学事业，献出了光辉的一生。

胚胎"组织中心"的发现者施佩曼

胚胎究竟是怎样发育的,这是生物学中最令人难以回答的问题之一。在19世纪后期,胚胎双侧对称是由受精卵分裂为二的动作所决定的看法广为流传,但这也只不过是一种推测,并没有科学的证据。

20世纪初,德国生物学家施佩曼通过大量的实验表明,一个胚胎开始表现出分化的确凿征象以后,它仍然可以分成两半,并且能各自形成一个完整的胚胎(不是一个完整的生命)。这一观点为科学解释胚胎的发育问题指明了方向。

施佩曼是德国实验胚胎学家,1869年6月27日生于斯图加特,父亲是一个出版商。中学毕业从事一段出版工作后,进入慕尼黑大学攻读医学,之后在维尔茨堡大学攻读动物学、植物学和物理学。在这里,施佩曼接受了T·H·博韦里的建议,从研究猪蛔虫的胚胎发育步入胚胎学研究,并以此获得博士学位,为其以后形态学研究打下了坚实的基础。

施佩曼毕生从事两栖动物的胚胎学研究,他著名的实验——蝾螈卵结扎实验。通过他设计的精细的实验方案,显示了胚胎在早期发育过程中卵细胞不分化的现象。并且首次接触到精确控制胚胎某一部分地发育方向问题,使控制胚胎发育和改良动物品种成为可能。这一学说的发现,使施佩曼荣获了1935年的诺贝尔生理学和医学奖。

此外,施佩曼进一步提出,在发育过程中,一定存在一种能够诱导以后反应的"组织者"。施佩曼利用他首创的胚胎移植方法,把青蛙的胚胎组织移植到蝾螈胚胎,但仍产生出青蛙的器官,反之,把蝾螈的胚胎组织移植到青蛙宿主,仍产生出蝾螈的器官。这表明被诱导组织所产生出的器官的种属特性，取决于它自己内在的（遗传的）组成。这使人们对于诱导和反应有了更全面的认识。

施佩曼的工作受到很多同行的赞赏。在当时，他的威望在生物界首屈一指，英国剑桥大学、美国哈佛大学等世界著名大学都授予了他名誉博士学位，还有 20 多个国家的科学院聘他为外籍院士。但到了 30 年代后期，他的组织者理论对研究者逐渐失去了吸引力。一些胚胎学家开始向当时新兴的学科——遗传学靠拢，以谋求两者的结合点。

1941 年，已经 93 岁的汉斯·施佩曼对残酷的法西斯统治保持着清醒的认识，在法西斯的威逼利诱下，仍不为所动，更不为所用。同年 9 月 12 日，这位著名的动物学家和胚胎学家被希特勒迫害致死。

泡利提出不相容原理

泡利（Wolfgang Ernst Pauli，1900～1958），瑞士籍奥地利理论物理学家，1900 年 4 月 25 日生于维也纳。1918 年中学毕业后就成为慕尼黑大学的研究生，导师是 A·索末菲。1921 年以一篇关于氢分子模型的论文获得博士学位。1922 年在哥廷根大学任 M·玻恩的助教，结识了来该校讲学的 N·玻尔。这年秋季到哥本哈根大学理论物理学研究所工作。1923～1928 年，在汉堡大学任讲师。1928 年到瑞士苏黎世的联邦工业大学任理论物理学教授。1935 年为躲避法西斯迫害而到美国，1940 年受聘为普林斯顿高级研究院的理论物理学访问教授。由于发现"不相容原理"（后称泡利不相容原理），获得 1945 年诺贝尔物理学奖。1946 年重返苏黎世的联邦工业大学。1958 年 12 月 15 日在苏黎世逝世。

泡利不相容原理是泡利于 1925 年 1 月 16 日提出的。原子中不可能有两个或两个以上电子处在同一状态。电子的状态可以用四个量子数来表示，则原子中不可能有两个或两个以上电子的四个量子数完全相同。具有多个电子的原子，其中主量子数 n 和轨道量子数 l 相同的电子称等效电子，这类电子的 n、l 两个量子数已经相同，故至少要有一个不同，因此这类电子的状态要受到泡利不相容原理的限制。这正是原子结构中电子按壳层分布并出现周期性的主要原因。

英国探险家斯科特到达南极级点

1911 年的 1 月 17 日，英国探险家斯科特率领的探险队到达南极极点，整个探险队成员在归途中全部牺牲。

早在两三千年前，就有人猜想在南方有一块未知的大陆。为了寻找这块神秘的土地，无数的勇士纷纷南下。20 世纪初，更多的探险家奔向了迷人的南极，其中，英国人斯科特的事迹最令人难忘。

1901 年 8 月，斯科特率领一支探险队第一次远征南极。他们经过一番苦斗，来到了离南极点只有 350 千米的地方，胜利在望却遇到了极为恶劣的天气，食物和燃料也将耗尽，队员病倒，只好败退回来。

执著的追求使斯科特又做了 8 年的准备。1910 年 6 月，他又率领一支 65 人的探险队离开英国直向南极。谁知，这时挪威极地探险家阿蒙森也奔向了南极，他们谁能首先到达南极点呢？一场历史上著名的"探险竞赛"就这样开始了。

斯科特是驾西伯利亚矮种马拉雪橇去的。这种马适应不了南极的严寒，又都陷入雪中，一匹一匹地死去了，最后只好用人力拉雪橇。暴风雪、冻伤、体力下降，打击一个接一个地向斯科特袭来。已经胜利在望了，1911 年 1 月 16 日，队员却发现了挪威的旗子，显然，对手走到了他们的前边，这是极为沉重的精神打击，有的队员精神几乎要垮下来了。

1 月 17 日，斯科特探险队到达了南极极点，他们在挪威人的帐篷里看到了阿蒙森留下的信。他们把英国国旗插在帐篷旁边，他们成了到达南极极点的亚军。第二天，筋疲力尽的斯科特探险队踏上归途，他们按照科学探险的惯例，仍然沿途收集各类岩石标本，书写探险日记。

8 个月后，搜索队找到了他们的帐篷和遗体，人们在斯科特身边发现了 18 千克岩石和各种化石标本——他们在死亡降临的时候仍然没有丢下科学，仍然为人类保留着科学财富。

英国大发明家瓦特诞生

16~17 世纪，煤作为能源被大量开采。随着煤矿的增加和矿井越开越深，排除矿井中的积水，成为煤生产中的关键问题。急需寻求新的动力机，来解决经济和生产的需要。巴本、纽可门先后设计了蒸汽动力机，但由于易爆危险、效率低等原因，不能满足需要。要使蒸汽机成为具有巨大工业效益的动力机械，必须在结构上作重大的改进，这个工作最终由一位大学的仪器修理工——瓦特在英国实现。

詹姆斯·瓦特 1736 年出生在苏格兰的一个木匠家庭，从小饱受贫穷和疾病的折磨，他的教育是在家庭和父亲的工场里受到的。1756 年，他在格拉斯哥大学做机修工。1763 年，他受命修理大学的一台纽可门蒸汽机，得以仔细研究纽可门机的结构，并发现它热量损失太大是由于每工作一次汽缸和活塞都要冷却。1765 年他终于想出了在汽缸之后再加一个冷凝器的主意。1769 年，他造出了第一台"单动式蒸汽机"，并获得了发明冷凝器的专利。1782 年，他进一步设计了双向汽缸，1784 年又制造了一台"双冲程蒸汽机"，并加上了飞轮和离心节速器，把单向运动变成旋转运动。

瓦特蒸汽机的主要特点是改大气压力做功为蒸汽直接推动活塞做功，增加了冷凝器，提高了效率。这在蒸汽机发展史上迈开了具有决定性的一步，成为可用一切动力机械的万能"原动机"。到 1790 年，瓦特机几乎全部取代了老式的纽可门机。纺织业、采矿业和冶金业等在瓦特机的带动下迅猛发展，蒸汽机改变整个世界的时代到来了。

瓦特的一生，都贡献给了蒸汽机的研制事业。恩格斯把蒸汽机看作是第一个真正国际性的发明，这是对其贡献的最好评价。英国人为了纪念他，特意在他的住宅处给他建造了铜像。

皮亚齐发现 "谷神星"

19世纪天文学史的第一页，便是发现小行星。1801年1月1日，意大利天文学家皮亚齐找到了第一颗小行星——"谷神星"，从而揭开了发现小行星带的序幕。

在整个太阳系中，火星轨道与木星轨道之间存在特别大的空隙，这使各行星在太阳周围的排列显得不太协调。这促使人们猜测在这一区域内可能有一颗尚未被观测到的行星。于是，整个欧洲大陆掀起了寻找这颗行星的热潮：在巴黎，天文台建议请24位天文学家分工，每人负责15度区域反复搜索；在德国，更是有6位天文学家成立了"天空搜索队"，用高质量的望远镜对这一行星进行系统追踪。但令人振奋的消息却首先从意大利传来。

1801年1月1日夜，西西里岛天文台台长皮亚齐在对金牛座进行通常的巡天观测时，发现了一颗从未见过的星体。此后，皮亚齐对此星连续跟踪41个夜晚，初步认定这是一颗彗星。他将这一发现告诉了德国柏林天文台台长波德，但波德肯定地指出：这不是什么彗星，而是多年来人们苦若寻找的、位于火星与木星之间的行星。后来进一步的观测证实，这确是一颗行星，人们将之命名为"谷神星"。由于它太小了，直径仅为地球的1/16，于是人们相信：在它的附近应该还有其他的行星。这样，随着搜索范围的扩大，众多小行星相继被发现，它们一起组成了火星与木星间的小行星带。现在，人们发现的小行星已达数千颗之多，并且这一数字仍在不断增长。在对小行星的发现和研究中，我国的天文学家也做出了卓越的贡献。

魏格纳提出大陆漂移说

1915 年 1 月 6 日，在法兰克福地质学会上，德国人魏格纳做了题为"大陆与海洋的起源"的讲演，正式提出了大陆漂移说。在 1915 年出版的《海陆的起源》一书中，魏格纳对大陆漂移说又进行了系统的阐述。按照此学说，在距今约 3 亿年前的古生代，地球上只有一块大陆，由于潮汐力和地球自转离心力的作用，大陆开始分裂并向各个不同方向漂移。到距今约 300 万年前，大陆就漂移到我们今天所看到的位置。

大陆漂移说的提出，在地质学界引起了轰动。因为它明确地向当时在地质学中占统治地位的大陆固定论提出了挑战。但是，在大陆漂移说中存在一个致命弱点，这就是对漂移的动力机制没有提供可靠而有说服力的说明。因此，人们很快就对这一学说产生了怀疑。到 1926 年，在美国召开的一次地质学讨论会上，大陆漂移说基本上被否定了。

在一片反对声中，魏格纳没有放弃自己的学说，他一直致力于寻找大陆漂移的证据。1930 年 11 月，在冰天雪地的格陵兰岛上，魏格纳度过了他 50 周岁生日，随后在外出考察途中失踪，直到第二年春天人们才找到了他的遗体。在魏格纳身上，真正体现了为科学事业而献身的科学精神，我国前科学院副院长竺可桢曾专门著书悼念他，其言辞恳切，大有英雄相惜之意。还引用杜甫凭吊诸葛亮的诗句以示怀念："出师未捷身先死，长使英雄泪满襟。"

二次世界大战以后，随着众多新证据的发现，大陆漂移说得以复兴。海底扩张说的提出，解决了大陆漂移的动力机制问题，而板块结构理论的建立，使大陆漂移学说成为一个完整的科学理论被人们所接受。1984 年 5 月 21 日，美国国家航空和航天局宣布：卫星首次测出了大陆漂移的事实。

朱经武发现液氮温区超导体

朱经武 1962 年毕业于台湾成功大学。1965 年、1968 年分别获美国 Fordham 大学、圣迭哥加州大学硕士、博士学位。1994 年获超导科学卓越成就奖；1988 年获美国国家科学奖、美国科学院 Comstock 奖；1989 年当选为美国科学院院士、人文科学院院士和英国皇家学会外籍会员。现任美国德克萨斯州休斯敦大学超导研究中心主任、物理系教授。

1987 年初，朱经武教授和他的学生吴茂琨发现了一种材料：钇—钡—铜—氧化物，使超导记录提高到了 93K。在这个温度区上，超导体，可以用廉价而丰富的液氮来冷却。中国科学院物理研究所赵忠贤等几乎与此同时发现了这种新材料。当然，按照正常标准看，这个温度仍然很低，但是在超导世界，它是一个里程碑。它意味着物理学家可以用液氮而不是液氦使这种奇异的复合物冷却。不少物理学家对此津津乐道，液氮是现成的，容易处理，并且每夸脱的价格只有 30 美元，比啤酒还要便宜。此后，科学家们不懈努力，在高压状态下把临界温度提高了 164K（-109℃）。

朱经武教授是高温超导研究的先驱者和液氮温度超导电性发现者之一。这一成就对整个超导研究和凝聚态物理的发展起到了巨大的推动作用。

导体临界温度的提高为超导体的应用开辟了广阔前景。目前，超导电子显微镜、超导高速电子计算机、理想的磁屏蔽系统、微波技术更新等正方兴未艾。相信随着超导理论的进一步完善和发展，超导体新材料的继续研制，超导必将对整个社会发展产生巨大的推动作用。

贝克勒尔发现放射性

贝克勒尔（Henri Antoine Becquerel，1852～1908）是法国著名的实验物理学家、举世闻名的放射性发现者。

1896 年 1 月 20 日，贝克勒尔在法国科学院的例会上，看到了法国科学家彭加勒展示的伦琴发现 X 射线的论文及 X 光照片后，产生了"X 射线是否可能从荧光物质中发出"的想法。由于他的家族对荧光已有 60 多年的研究历史，于是他利用便利的条件开始了这方面的研究。他最初的实验并没有取得肯定的结果，直到他用了一种铀盐，并把它放到阳光下曝晒发出荧光，果然检验出它能像 X 射线那样使底片感光。于是在 2 月 24 日，他向法国科学院报告，认为 X 射线是由于太阳光照射铀盐的结果。由于连续几天的阴天，他无法继续进一步实验，便把铀盐和包好的底片一起放入抽屉。但随后他冲洗底片时却意外发现底片感光了。对这一意外现象，在 3 月 2 日的报告中，他指出"这一作用很可能在黑暗中也能产生"，放弃了 X 射线和荧光及磷光有统一机理的想法。

贝克勒尔对天然放射性的研究，为居里夫妇的发现开辟了道路。玛丽·居里首先证实了铀的辐射强度同铀的数量成正比，而与其化学形式无关。随后，她与德国的施米特（G. C. Schmidt，1856～1949）同时发现钍也具有这种性质，并建议把这种性质称为"放射性"。之后，居里夫妇又相继发现了钋、镭等放射性元素。

贝克勒尔对放射性的开创性研究及居里夫妇对这一现象的实验验证，使他们获得了 1903 年的诺贝尔物理学奖。

开普勒第三定律形成

1618 年 3 月 8 日，通过仔细分析研究第谷留下的天文数据资料，开普勒得出了行星运行第三定律。至此，行星运行三大定律全部形成，开普勒所苦苦追寻的宇宙秩序终于建立起来。

哥白尼及其以前的天文学家，都认为行星沿正圆轨道匀速运动。开普勒认为圆总是存在一定的偏离。开普勒坚信第谷的观测数据是准确的，那就意味着必须抛弃行星沿圆形轨道匀速运动的旧观点。经过艰苦地努力和无数次推算，开普勒从轨道和匀速运动出发，算出了火星的位置。与第谷实际观测到的位置对照，终于发现火星是沿椭圆轨道绕太阳运行的；火星的运动速度是不均匀的，距太阳近时运动速度快，距太阳远时运动速度慢；行星与太阳的连线在相等时间内扫过相同的面积。这就是第一和第二定律。

得到上述两条定律，并没有使开普勒停止自己的研究步伐，他继续努力以探索更深刻的天体运动规律。他耗费了大量时间和精力去计算和分析行星与太阳的距离和行星公转周期之间的关系。开普勒以地球到太阳的距离为基本的标准，推算出其他行星到太阳的距离。又把当时已经知道的各个行星的周期一一列出。然后，他在一大堆数字中试着做各种极为枯燥繁琐的运算。在遭遇了无数次失败后，终于发现行星轨道的半长轴的立方与周期的平方成正比例，即 $a^3/T^2 =$ 常数。这就是行星运动第三定律。

1619 年，开普勒出版了《宇宙和谐论》一书，把研究火星得出的第一定律和第二定律推广到太阳系的所有行星，同时公布了第三定律，完成了他对科学发展的最大贡献。

薛定谔——现代生物学革命的先驱

薛足谔，奥地利理论物理学家，波动力学创始人和量子力学的奠基人之一。科学统一的信念使他从物理学角度对生命现象进行了深入思考。

1943年2月5日，薛定谔在爱尔兰都柏林三一学院开始了题为"生命是什么"的系列通俗讲座。1944年，他把讲稿整理成一本不到100页的小册子《生命是什么——活细胞的物理学观》。书中提出用物理学、化学的理论方法研究生物学。

薛定谔率先将物理学理论应用到生物学中：以热力学和量子力学理论解释生命的本质：以"非周期性晶体"、"负熵"、"遗传密码"、"量子跃迁式突变"等概念说明有机体物质结构、生命的维持和延续、遗传和变异等现象。他还预言生命科学将面临重大突破，研究深度将进入分子水平。继而，他主张从分子水平探索遗传机制和生命本质。他认为，生命的本质存在于信息中，生命将它"印"在分子上，分子一定有某种复制信息的方法。从中他引申出许多新课题，如，遗传信息如何编码，如何在传递中保持稳定等。此书的思想性决定了它的前瞻性，它直接启发了DNA"双螺旋结构模型"和基因调控的操纵子学说的提出以及后来对遗传密码的解读。这本被誉为"唤起生物学革命的小册子"使薛定谔成为20世纪下半叶分子生物学革命的先驱。

薛定谔开辟了物理学与生物学互补的新途径，促成了生物学从强调整体到重视具体机制，从强调生命与非生命的差别到强调二者统一的重大转折。日本遗传学家近藤原平说："给予生物学界以革命契机的是一本叫做《生命是什么》的小册子。它所起的作用正像《黑奴吁天录》这本书成为奴隶解放的南北战争的契机一样。"

鲍林创立化学键理论

19 世纪末，电子和放射性的发现揭开了科学家研究微观世界的序幕。随着原子结构得到阐明，原子与原子之间如何结合生成各类分子，即化学键的本质问题也逐渐得到理论与实验日益符合的解释。

现代化学键理论是获自分子薛定谔方程近似解的处理方法，也称电子配对法。关于化学键的理论，19 世纪就有了原子价的概念。电子发现后，德国的阿培格在 1904 年提出了"八数规则"。玻尔原子模型建立后，德国化学家柯塞尔和美国化学家路易斯于 1916 年分别提出了电价键理论和共价键理论。量子力学建立后，1927 年，德国的海特勒与美籍德国人伦敦首先用量子力学的近似处理方法研究最简单的氢分子。他们认识到，氢分子中两个原子所以能够相互结合成键，是由于电子密度分布集中在两个原子核之间，形成了一个"电子桥"，并把两个原子吸引在一起而稳定下来，从而形成分子，即电子云分布在原子核之间形成化学键。

在此基础上，1931 年 4 月 1 日，美国化学家鲍林等，将其成果定性推广到其他分子体系形成了价键理论：原子未化合前，若未成对电子的自旋方向是反平行的，就能两两组队，电子对运动所在的原子轨道就会交盖重叠，从而形成共价键；一个电子与另一个电子配对以后就不能再与第三个电子配对；原子轨道的重叠越多，所形成的共价键就越稳定。

价键理论同人们所熟悉的经典价键理论相一致，比较直观，所以很快得到了普及和发展，并解释了基态分子成键的方向性和饱和性，对现代化学发展做出了重大贡献。但受电子对成键观点的束缚，它把电子的运动只局限于成键的两原子之间，无法解释氧气等分子的结构。

彼利最先到达北极

1909 年 4 月 6 日，美国极地探险家彼利成功到达北极。这是人类的脚印第一次留在了冰天雪地的北极点上。

极地探险历来是探险家们梦寐以求的目标，而神秘莫测的北极更是众多探险家心目中的天堂。早在 1893 年，挪威著名的探险家南森就乘特制的"前进号"探险船深入北极地区，经过近两年九死一生的艰苦航行，一度到达了距北极点仅有 224 英里的地方。由于气候条件太过严酷，最终还是功亏一篑，这成为南森的终生憾事。

人类踏上北极的夙愿是由美国探险家彼利实现的。从 1893 年开始，彼利就曾多次试图到达北极，但都没有成功。极为严酷的自然条件和多次的失败，并没有使彼利畏难却步，反而更坚定了他踏上北极的信心。从前几次的失败中，他积累了丰富的经验，为他以后的成功打下了良好的基础。经过精心准备，彼利于 1909 年 3 月 1 日从爱尔斯米尔岛的哥伦比亚角乘雪橇出发，开始了又一次征服北极的探险行动。这次他有助手亨森同行，还得到了 4 个爱斯基摩人的帮助。在克服了常人难以想象的重重艰难险阻后，终于在 4 月 6 日到达北极。这是人类极地探险活动的一次里程碑式的胜利。

由北极回国后，彼利先是在 1910 年出版了《极地》一书，后又于 1917 年出版《极地旅行的秘密》一书。在上述著作中，彼利详细记述了人类第一次踏上北极土地的过程以及北极地区的壮观景象。这为人们进一步了解北极、研究北极提供了重要依据。

巴斯德宣告"自然发生说"终结

流行了千百年的"自然发生说"认为生命可以从无生命的物质中自然产生。意大利医生雷迪曾一度动摇了人们对自然发生说的信念，但微生物的发现使微生物可能自然发生的信念又盛行起来。最后，由路易·巴斯德终结了自然发生说。

巴斯德出生在法国东部的多尔，微生物学的奠基人。在发酵问题上所进行的工作使他确信，空气是微生物的来源。巴斯德正确地把精力集中于实验之上，认为最重要的是演示空气能够携带微生物。他用棉花过滤空气，吸附了空气中的灰尘颗粒，经酵母浸液漂洗，在其中发现了多种微生物。而在加热煮沸的情况下，却未出现微生物。这一实验并不能彻底驳倒自生论者，他们认为酵母液产生微生物需要的是自然的空气。

巴斯德冥思苦想，精心设计出著名的曲颈瓶：把烧瓶放在火焰上拉出弯曲的长颈使空气进入，尘埃、微生物却在长颈弯曲处被拦住，瓶中的培养液不会受到微生物的侵染。如果截断曲颈，或将瓶倾斜使培养液通过弯曲处，培养液很快就会产生微生物。曲颈瓶实验取得成功。1864年4月7日，巴斯德在巴黎大学发表题为"自然发生"的演讲，公开表演实验。他高声宣布："受到这样一个简单实验的致命打击之后，自然发生将永远不得翻身。"

此外，巴斯德还在晶体结构、发酵本质、传染病因及对多种疾病的预防接种等方面，做出了推动生物化学和医学进展的革命性贡献。他被世人誉为"进入科学王国的最完美无缺的人"。为了表彰他的贡献，法国政府建立了巴斯德研究所。巴斯德以自己的行为和精神，塑造了法国人民心中的一块丰碑，被誉为法国"最伟大的民族英雄"。

迈克耳逊－莫雷干涉实验

19 世纪流行一种理论——以太不动论，指的是以太作为光波的载体和参照系是绝对静止的。麦克斯韦的电磁学理论应用到动体时带来的某些不对称性，依赖于"以太不动论"解释。麦克斯韦认为地球的运动会使静止以太产生实验可以测量的电学或光学效应——"以太风"效应。

由于麦克斯韦理论中要求实验精度要达到一亿分之一，而在当时的条件下无法实现。所以麦克斯韦就在他逝世前几个月的 1879 年 3 月 19 日写信给美国航海历书局托德（D. P. Todd），询问是否可用木卫食的天文观测方法来检验"以太风"二级效应。正是这封信，引起了正在美国与航海历书局局长纽科姆合作进行光测量实验的迈克耳逊的兴趣，也就有了紧随其后的著名的迈克耳逊—莫雷干涉实验。

迈克耳逊选择了用光干涉的方法来测量以太风。受雅满（Jamin）干涉仪的启发，他自己设计出了一种新型的光干涉仪，后来被称为"迈克耳逊干涉仪"。1881 年 4 月上旬他进行了观测，但实验结果否定了"静止以太"。后来在 1887 年 7 月，他改进了实验设备，与莫雷一起重新进行了测量。这就是历史上著名的迈克耳逊—莫雷实验。他们把设备放在水银面上，

使之既能在水平面内自由转动又能避免振动的干扰，还利用两组平面镜来回反射两束相干光，使光程增大到 11 米。经过几天的紧张观察，仍然没有得到预期的结果，迈克耳逊认为实验是失败的。这一困惑，直到爱因斯坦的相对论发表才得以解释："光以太"的引入是多余的。

1907 年，迈克耳逊"由于他的精密仪器及用仪器进行的光谱学和计量学中的研究工作"获得了诺贝尔物理学奖。在颁奖时，只字未提"迈克耳逊—莫雷实验"。其源盖出于当时的学术权威并未承认这个实验的历史意义。

茨维特首创色谱法

色谱法（层析法）是现代分析化学中重要的分离、分析技术，它是由俄国植物学家茨维特发明的。

茨维特早年曾在日内瓦大学学习物理学、化学，对物质的物理、化学属性有了些了解。回国后，他致力于用物理学、化学的理论和方法研究植物学，强调深入细胞内部研究。比起同行，他的观点富有创意，也正是这种创新精神才导致新方法的发明。

茨维特的研究课题是叶绿体，他认为叶绿体是叶绿素和清蛋白的混合物——叶绿蛋白。它成分复杂，含有不止一种绿色色素。此观点当时不被认同。他力图通过实验证明自己的结论。多次实验后，他发现存在两种叶绿素：叶绿素 a 和 b。叶绿素 a 当时已经被提纯了，但叶绿素 b 尚无法制得。为使理论更有说服力，他决心把叶绿素 b 从溶液中分离出来。经过不断实验和摸索，他发明了极其简单却十分有效的分离仪器：一根玻璃管填充以白垩或氧化铝。不同物质在流动相中有不同吸附系数，含有多种组分的物质通过吸附柱后依次有规律地排列，这样就将物质分离出来且不改变原性状。

他把此方法与多色光通过棱镜分色类比，把新方法命名为色谱法。利用色谱法，他顺利分离出了叶绿素 b，证实了自己的理论。

科学界对这种简单仪器的可靠性持怀疑态度，认为缺乏理论依据且实验数据不可靠。后来茨维特详细阐述了色谱过程的理论依据，公布了对大量物质吸附特性的研究，还用它分离出类胡萝卜素等重要物质。虽然色谱法已为众人所知，但遗憾的是直至茨维特去世也没得到推广。

经后人努力，色谱技术得到发展，被广泛应用于化学、生物学、医药学、石油化工等领域，在科学和工业的发展中发挥着重要作用。

提出苯的经典价键结构

1865 年 5 月 11 日，德国化学家凯库勒（1829～1896）在书房中的炉旁打瞌睡。一副画面在沉睡中的大化学家面前"嘲弄般地旋转不已"——"碳原子的长链像蛇一样盘绕卷曲，忽见一个抓住自己的尾巴。"这位先立志建筑后师从李比希改学化学的化学家、教育家正在集中精力探讨苯的化学结构。经此梦的启发，他成功地用碳、氢原子的组合建构成了苯分子。

有机化合物的两大系统是芳香族化合物以及与其相对应的脂肪族化合物。前者比后者的组成复杂得多，所以当脂肪族各类化合物已为新的结构理论光辉所普照时，芳香族化合物却依然陷于黑暗之中。化学家们在确定化学式为 C_6H_6 的苯的分子式时陷入了困境，他们无法解释氢炭比例很小的苯却不表现出典型不饱和化合物品性的现象。在这个时刻，凯库勒提供了急需的指明路灯。

凯库勒猜想苯分子中含有一个结合牢固、安排紧凑的六碳原子核。于是，他开始了苯分子结构的探索。1865 年，他终于悟出了闭合链的形式是解决苯结构的关键，于是明确提出一个由六个碳原子以单、双键相交替结合而构成的环状链，该链为平面结构。凯库勒指出各种芳香族化合物是由其他各种元素的原子团取代结合在环上的氢原子形成的。

苯的环状结构学说是经典结构理论的最高成就。1890 年 5 月 11 日，在苯的结构学说问世 25 周年纪念日，伦敦化学学会指出："苯作为一个封闭链式结构的巧妙概念，对于化学理论发展的影响，对于研究这一类及其相似化合物的衍生物中的异构现象的内在问题所给予的动力，以及对于像煤焦油染料这样大规模工业的前导，都已举世公认。"

琴纳首次接种牛痘成功

天花是一种由天花病毒引起的烈性传染病，它是人类历史上危害最严重的疾病。18 世纪的欧洲，天花蔓延，难以遏制，当时的人痘接种也不安全，因此，寻求一种更好的预防方法迫在眉睫。这引起了一个英国乡村医生的思考，他的名字叫爱德华·琴纳。

琴纳偶然发现，挤奶女工在天花猖獗期间往往安然无恙，而她们中多数人都长过痘疮，这是她们在牛长牛痘时挤奶感染到手上的。于是，他开始研究用牛痘来预防天花，设想给人接种牛痘的可能。

1796 年 5 月 14 日，琴纳怀着激动的心情将挤奶姑娘尼尔姆斯手臂上感染 14 天的牛痘浆液挤出，小心地将它"种"在 8 岁健康男孩詹姆斯·菲浦斯臂上划出的两道约 2 厘米长的浅痕上。第 4 天起，浅痕上出现丘疹、水疱、脓疱、结痂和脱痂等一系列初发反应，历时半个月，牛痘接种成功。

接种了牛痘的人是否就肯定不患天花呢？更为严峻的考验摆在琴纳面前。经过周密准备，7 月，琴纳在这个男孩手臂上再接种天花，半个月后，小男孩安然无恙。试验证明：这个男孩已具有抵抗天花的免疫力，琴纳的设想得到证实。至此，人类历史上首次接种牛痘预防天花的试验成功了，人类从此获得了抵御天花的有效武器。

尽管牛痘接种试验招致同行和教会的合力攻击，但琴纳坚信真理，严谨而无畏地向传统和权威挑战。1798 年，人类征服天花的宣言书——《牛痘原因及结果的研究》公之于世，1799 年琴纳又陆续发表了五篇相关文章。1801年，接种技术在欧洲推广开来，天花发病和死亡人数大大下降，给人类带来无穷恩泽。1980 年，联合国在内罗毕庄严宣告："天花已经在世界上绝迹。"至此，天花被人类彻底征服。

微积分的光荣诞生日

牛顿在其 1665 年 5 月 20 日的一份手稿中已有微积分的记载，在这份手稿中，牛顿引进了一种带双点的字母，它相当于导数的齐次形式。因此，有人将这一日作为微积分的光荣诞生日。事实上，牛顿对微积分的研究以运动学为背景开始于 1664 年秋，就在这一年，牛顿已经对微积分有了较为清楚的认识。

1665 年夏至 1667 年春，牛顿在家乡躲避瘟疫期间，对微积分的研究取得了突破性进展。据牛顿自述，1665 年 11 月，他发明正流数术（微分法），次年 5 月建立反流数术（积分法）。1666 年 10 月，牛顿将前两年的研究成果整理成一篇总结性论文——《流数简论》，这也是历史上第一篇系统的微积分文献，标志着微积分的诞生。在以后 20 余年的时间里，牛顿始终不渝地努力改进、完善自己的微积分学说，先后完成三篇微积分论文：《运用无穷多项方程的分析学》（简称《分析学》，1669 年）、《流数法与无穷级数》（简称《流数法》，1671 年）、《曲线求积术》（简称《求积术》，1691 年）。它们反映了牛顿微积分学说的发展过程。然而牛顿的这些有关微积分的论文并没有及时公开发表，他的微积分学说的公开表述最早出现在 1687 年出版的力学名著《自然哲学的数学原理》一书中。因此，《原理》也成为数学史上的划时代著作。

牛顿对自己的科学著作的发表，态度非常谨慎，他的最成熟的微积分著述《曲线求积术》直到 1704 年才以《光学》的附录形式发表，其他的论文发表得更晚，《分析学》在牛顿去世后才公开发表。

微积分产生后，其运算的完整性和应用的广泛性充分显示了这一新的数学工具的威力，微积分迅速地成为研究自然科学的有力工具。

发现微波背景辐射

1948 年，伽莫夫提出了关于宇宙起源的"大爆炸"模型。他还预言：大爆炸有残余的辐射遗留下来，大约只有绝对温度几度。对于这样的学说及其预言，在得到确凿的观测证据以前让人们相信是困难的。

20 世纪 60 年代初，为了改进与通讯卫星的联系，美国贝尔实验室建立了一套新型高灵敏度天线接受系统。该实验室的两位科学家彭齐亚斯和威尔逊在用这套仪器进行测量时，发现了一种微波干扰，相当于绝对温度 3.5K。他们曾做了许多工作试图消除这种干扰，如赶走天线上的鸽子，消除上面的鸽子粪；检查天线金属板的所有接缝，调整天线的位置等。但无论他们如何努力，都无法消除这种微波干扰。经过进一步观测，他们发现这一微波在所有方向上强度都均匀一致，并且不随季节变化。由此他们断定：这是一种宇宙深处的像背景一样无处不在的辐射。1965 年 5 月 28 日，《贝尔实验室新闻》首先报道了发现宇宙背景微波本底辐射的消息，标题为《新发现的可能是宇宙起源的射电辐射》。

后来，彭齐亚斯和威尔逊与以迪克为首的正在研究宇宙大爆炸遗迹的普林斯顿大学研究组进行了互访。经过讨论他们确信，这种微波背景辐射正是伽莫夫所预言的宇宙大爆炸所遗留下来的残余辐射。

彭齐亚斯和威尔逊两人写了题为《4080 兆赫的过剩天线温度测量》一文，发表在美国 1965 年 7 月的《天体物理学报》上。该文受到天体物理学家，尤其是宇宙学家的普遍重视，认为这是继哈勃定律以后，宇宙大爆炸学说的又一重大突破，是 20 世纪 60 年代射电天文学的四大发现之一。正是由于这一发现，彭齐亚斯和威尔逊共同获得了 1978 年度诺贝尔物理学奖。

拉马克宣读有关进化论的重要论文

达尔文以自然选择为基础的进化学说成为生物学史上的一个转折点，并被恩格斯称为 19 世纪的三大发现之一。其实早在达尔文诞生之前就有人在《动物哲学》里提出了生物进化学说，为达尔文进化论的产生提供了可贵的理论基础，此人即是拉马克。

拉马克，法国博物学家，生物学伟大的奠基人之一，进化论的倡导者和先驱。1784 年 4 月 22 日，拉马克向法国博士会宣读了题为《重要物理事实原因的研究》的论文。文中大胆指出，在自然界中，除生物体本身外，没有别的什么东西能给它们以生命。这无异于公开向有神论提出了挑战。1809 年，拉马克进一步在《动物的哲学》中系统阐述了他的进化学说（被后人称为"拉马克学说"），提出了两个法则：一个是用进废退；一个是获得性遗传。他主张生物具有变异的特性，生物是进化的，环境变化是物种变化的原因；有的由于使用而发达，不用则退化，这样变化了的性状（获得性）能够遗传下去。生物的进化具有一定的方向性，是从低级到高级，从简单到复杂，从非生物到生物。

但是，拉马克又认为生物的特性是造物主所赋予的，他给自然安排了一般程序；另外他的学说过分强调动物主观愿望的作用。达尔文的自然选择说指出，自然选择有保护和积累有利变异的作用；有指导生物按照生物与环境相适应的方向发展的作用。这一理论比较圆满地解释了生物界的多样性和适应性，适者生存，劣者淘汰。拉马克学说与达尔文学说既有联系又有区别。达尔文以自然选择为中心理论的进化学说还是公认的科学真理。虽然拉马克的学说在很多方面有缺陷，但他的先驱作用是不可抹杀的。

沃森和克里克阐明 DNA 的立体结构

沃森和克里克阐明了 DNA 的立体结构，这被称为 20 世纪生物学上最伟大的成就之一，其程度可媲美于前一世纪的达尔文和孟德尔的成就。

20 世纪 50 年代初，赫尔希和蔡斯进行的实验为 DNA 是遗传物质提供了令人信服的证据。由于 DNA 的结构仍是一个谜，因此，对基因的化学本质与基因作为遗传信息的运载体之间的关系尚不能做出明确的解释。沃森与克里克描述的 DNA 结构的模型立即暗示出了关于核酸生物学活性的解释。

克里克怀疑脱氧核糖核酸（DNA）在遗传信息的存储中也起着重要作用。沃森也有同样的怀疑态度。1951 年，沃森与克里克相遇。此时世界各地的科学家都试图揭开脱氧核糖核酸结构之谜。科学家们为第一个描述出脱氧核糖核酸结构而进行的竞争十分激烈。1951 ~ 1953 年，两人共同讨论脱氧核糖核酸。他们一起学习 X 射线晶体技术，评估 DNA 的结构限制条件。

1953 年 4 月 25 日，克里克和沃森在《自然》杂志上公布了他们的发现。根据 X 射线衍射数据，首先提出脱氧核糖核酸（DNA）的双螺旋结构模型。它所描述的遗传物质 DNA 的分子结构，是以双螺旋状存在的。按此模型，DNA 分子是由两条多核苷酸链构成的，它们走向相反，都是右手螺旋，平行地环绕一共同的轴而形成双螺旋。1962 年，克里克、沃森和威尔金斯由于"发现关于核酸结构和它在生命物质的信息传递中的重大意义"，共同获得了诺贝尔生理学或医学奖，最终赢得了这场揭开脱氧核糖核酸结构之谜的竞赛。

由于所有生命的生物都具有脱氧核糖核酸，所以他们研究出来的这一信息，揭开了地球上所有生物的遗传奥秘，并为脱氧核糖核酸管理重组技术的革命铺平了道路。

劳厄证实了 X 射线的波动性

劳厄（Max Von Laue，1879~1960）是德国著名的物理学家，晶体 X 射线衍射现象的发现者。

发现晶体 X 射线衍射现象的直接起因与慕尼黑大学理论物理教授索末菲的研究生厄瓦耳（Paul Peter Ewald）密切相关。1912 年初，厄瓦耳撰写《各向同性共振子的各向异性排列对光学性质的影响》的博士论文，对晶体的双折射现象进行微观解释。一次他向劳厄请教时，劳厄从厄瓦耳的估算得知偶极子的间隔为 10^{-8} 厘米，他立刻意识到这与 X 射线的波长在同一数量级，可以把晶体的点阵当作一个三维光栅。随后，劳厄在索末菲的助教弗里德里克（W. Friedrich）和博士学位候选人尼普平（P. Knipping）的协助下，于 4 月 12 日开始进行实验，从而得到了第一张劳厄图像。1912 年 5 月 4 日，劳厄、弗里德里克和尼普平在给巴伐利亚科学院的一封信中宣布他们的工作取得了成功。一个月后的 6 月 8 日，劳厄在《X 射线的干涉现象》一文的理论部分对 X 射线晶体衍射现象给出了第一个理论解释。

劳厄以晶体作为现成的衍射光栅代替了原来的人造光栅，并且充分利用晶体中原子间距在数量级上与 X 射线的波长一致的特性，成功确定了 X 射线在晶体上的衍射现象，这不仅证实了 X 射线的波动性，而且为精确测定 X 射线的波长提供了方法。

爱因斯坦曾高度评价这一发现为"物理学中最优秀的发现"。劳厄因"发现 X 射线通过晶体的衍射"荣获 1914 年度诺贝尔物理学奖。

罗素公布恒星光谱型—光度图

罗素（Henry Norris Russell，1877～1957）是美国的天文学家，他在大量观测研究的基础上，逐步形成了自己关于恒星演化的思想。1913年6月13日，他在英国皇家天文学会会议上作了《巨星和矮星》的学术报告，公布了恒星光谱型和光度的关系图，从中可以看出恒星的演化规律。同年12月20日，他又在美国天文学会学术会议上宣读了题为《恒星光谱型与其他特征之间的关系》的论文，向人们展示了对300多颗恒星光谱和光度关系的研究成果，进一步揭示出恒星的演化趋势和老中青不同年龄段恒星的状态。

恒星光谱型-光度图在20世纪30年代以前被称为罗素图，这反映了人们对于罗素在这一发现上所做贡献的承认和赞赏，罗素也正是由于这一发现而永载天文学史册。后来人们知道，早在1905年和1907年，丹麦天文学家赫茨普龙就曾发表过类似的研究成果，因而从1933年起，"恒星光谱型—光度图"就被称为"赫茨普龙—罗素图"，简称"赫罗图"。

赫罗图对恒星的研究有重大意义，它是现代恒星天文学中的重要工具，被认为是"恒星寻宝图"和"恒星生命图"，因而，赫罗图的建立被史评家评价为现代天文学发展史上一块辉煌的里程碑。从赫罗图中天文学家可以获得有关恒星的大量信息，如可以利用它推算恒星内部结构以建立恒星模型；由于恒星内部结构的逐步演变能够在其光度和表面温度上表现出来，致使恒星在赫罗图上的位置会沿一定的路径移动，因此人们可以从中描绘出恒星生命史的演化程序。现代恒星演化学研究所取得的成就，在很大程度上依赖于赫罗图。

贾可尼发现宇宙射线源

1962 年 6 月 18 日，美国射电天文学家贾可尼和他的科研小组用火箭携带 X 射线探测器研究月球的荧火现象时，与一个强 X 射线源不期而遇，并为其取名天蝎 X－1。直到 1966 年，美国科学家桑德奇等人才认证出这一射线源的光学对应体是密近双星天蝎 V861。当年，他们又发现了第二个宇宙 X 射线源金牛 X－1，随后也认证出它的光学对应体是超新星遗迹蟹状星云。

宇宙 X 射线源的发现是 20 世纪 60 年代射电天文学的重要成就之一，也是射电天文学在当时迅速发展的重要体现。长期以来，人类主要是依靠接收天体的光学辐射来认识广阔无垠的宇宙的。但光学波段只占整个电磁辐射的一小部分，从这一窄小的窗口窥视无边的宇宙必然会受到很大的局限。从 20 世纪 30 年代开始，由于无线电通讯技术的迅速发展，人们探测到了来自宇宙太空的无线电波，从而在光学波段以外，又开启了一个认识宇宙的新窗口，导致了射电天文学的崛起。

从 20 世纪 50 年代起，随着射电天文探测技术的提高，射电天文学得以迅速发展，可探测从毫米到米波的宇宙电磁辐射。人们透过这一新开启的射电窗口，可以看到宇宙面貌的另一侧面，研究星际氢和分子云等温度低于 100K 的冷天体，以及像超新星遗迹和射电星系之类干扰天体的非热辐射。它对于揭示宇宙间大规模剧烈活动起了重大作用。贾可尼等人发现的 X 射线源就是通过射电观测取得的重要成果。此外，20 世纪 60 年代射电天文学的四大发现则是射电天文学迅速发展的重要标志。

莱德伯格细菌有性生殖试验成功

　　继孟德尔发现遗传因子的分离定律和独立分配定律之后，摩尔根等人又提出基因论，补充了基因的连锁和交换定律，并证明这些规律在动植物界是普遍适用的。莱德伯格后来的发现又进一步证明了细菌也遵循同样的遗传规律。

　　莱德伯格，美国遗传学家，细菌遗传学的创始人之一。1925 年生于蒙特克莱市，在哥伦比亚大学学习动物学并于 1944 年获学士学位。以后曾在哥伦比亚大学医学院学习，不久转入耶鲁大学，于 1947 年获博士学位。后任威斯康星大学、斯坦福医学院教授，1962 年起任肯尼迪分子医学实验室主任。

　　莱德伯格是于 1946 年在耶鲁大学塔特姆教授的实验室里发现细菌的接合现象的。单就细菌接合的生物学意义来说，它相当于高等动植物的有性生殖。在莱德伯格设计的细菌"杂交"试验中，他将大肠杆菌 K－12 品系的两个不同的三重营养缺陷型细胞混合，把样品涂在基本培养基上，经过适当时间的培养，出现少数原养型菌落。在莱德伯格的笔记本上记录着第一次取得成功的日期是 1946 年 6 月 2 日，到了 19 日，他已将此重复了十几次，均得到了相同的结果。他又通过一系列试验排除了回复突变、转化和互养的可能性，从而证明这些原养型细胞是由两种不同基因型的大肠杆菌细胞相互接触而导致染色体脱氧核糖核酸的转移和重组从而产生的重组体。至此，莱德伯格发现并证实了细菌的基因重组现象。同年，他发表了首篇科学试验论文，宣布了这个了不起的发现。此后，他又在细菌遗传学方面做出了一系列的重要贡献。

　　莱德伯格的研究工作说明了遗传重组的普遍性，开创了细菌遗传学，并推动了分子遗传学的发展，为经典遗传学向分子遗传学的过渡打下了基础。

阿累尼乌斯提出电解理论

博士生阿累尼乌斯在苦思论文选题时，忽然想起老师曾说像蔗糖那样无法汽化的物质是无法测量分子量的，他不服气，设想利用溶剂分子量越大电解质阻力越大的原理进行测量。但这首先要研究电解质导电率问题。

自法拉第提出电解定律以来，许多科学家研究了此问题，当时主流观点认为通电后电解质才发生离解，唯有克劳修斯提出"加压前已形成离子"，但他认为稀释后电解质离解度不变。阿累尼乌斯大量阅读前人著作、分析自己的实验数据，产生了"电解质在溶液中离解成离子的想法"，以此为主线他在1883年6月6日完成了两篇论文《电解质的电导率分析》和《电解质的化学原理》，形成电离理论的雏形。他的观点引起了很大争论，由于导师的偏见及理论本身实验依据缺乏，论文得分并不高，但最终得以发表。

论文在国外引起极大反响，得到范霍夫、奥斯特瓦尔德等名教授高度评价。后来，通过了解范霍夫关于电解质稀溶液渗透压的公式，阿累尼乌斯获得了理论依据，根据电离理论算得的电导率与冰点降低法所得相同，又获得了实验支持，他发表《论溶质在水中的离解》，以大量实验事实和合理论证阐明了电解理论：电解质溶于水离解为离子；溶液越稀电离度越高；溶液的电导是正负离子电导之和；分子离解成离子；溶液中独立粒子增加引起渗透压等变化反常。

电离理论成功解释了酸碱强度、中和、水解等现象，经阿累尼乌斯、奥斯特瓦尔德等人的充实与发展，成为了分析化学的基础理论，开创了物理化学发展新阶段，阿累尼乌斯因此获诺贝尔化学奖。当然，此理论也远非完美，它只适用于弱电解质，后来强电解质溶液理论确立后才得以完善。

贝尔德成功研制出彩色电视机

1946 年 6 月 8 日，英国科学家约翰·罗吉·贝尔德成功地研制出彩色电视机。英国广播公司首次利用贝尔德所研制发明的彩色电视，播放了庆祝反法西斯战争胜利的游行盛况。

1888 年，贝尔德出生于苏格兰的一个牧师家庭。他自幼天资聪颖，喜好各种小发明创造。他长大后，对电气领域有着浓厚的兴趣。一次颇为偶然的机会，他接触到了德国电气工程师尼普柯夫所发明的"尼普柯夫圆盘"，逐渐着迷于电视的发明。由于健康状况不佳，贝尔德的经济状况日益窘迫，但他的科研热情并未因此而减弱。他利用各种废旧电机进行了无数次实验，发明出机械扫描式电视摄像机和接收机，利用电视播送运动物体的图像。为了解决研究经费问题，贝尔德曾果断地在《泰晤士报》上刊登广告，试图向公众介绍他的发明，寻求资费赞助者。

1925 年，贝尔德向公众展示了他的发明——机电式电视，这为他带来了成功与声誉。1929 年，英国广播公司开始利用电话电缆长期连续播放电视节目。进入 20 世纪 30 年代，贝尔德将研究重点转向了彩色电视机。但好景不长，正当贝尔德的研究顺利进行时，第二次世界大战爆发，他的实验室被炸毁，他的研究工作被迫中断。二战结束后，贝尔德的研究继续开展，取得了初步成功。1946 年，彩色电视成功地运用于电视节目的播放，但贝尔德却因抱病工作而病倒，不久病逝。

电视发展到今天，已成为极为重要的传媒工具，深刻地影响着人民的生活。对电视的发明与改进，贝尔德做出了不可磨灭的贡献。贝尔德深受英国人民的尊重，被后人誉为"电视之父"。

梅曼获得激光

听到激光这个词，大家可能有些害怕，因为它让人想起了星球大战中太空战士的利器，或者是手术台上医生的手术刀。但是，激光并不总是伤人的武器，它也存在于我们的日常生活中，比如说全息照片等。

激光的理论基础早在 1916 年就已经由爱因斯坦奠定了。他以深刻的洞察力首先提出了受激辐射这套全新的理论。1958 年，汤斯和肖洛在《物理评论》杂志上发表了他们关于《受激辐射的光放大》（即 LASER）的论文。但是汤斯教授和肖洛并没有在此基础上继续进行研究和实验，这项研究的成果启示了西奥多·梅曼（T. H. Maiman）。

梅曼是美国加利福尼亚州休斯航空公司实验室的研究员。在梅曼开始建造他的红宝石激光器之前，有人断言红宝石绝不是制造激光的好材料，而肖洛也支持这种观点。这使得很多人中止了用红宝石来制造激光的尝试，但梅曼却怀疑这个说法。为此，他花了一年的时间专门测量和研究红宝石的性质，终于发现上述论断所依据的基础是错误的，而红宝石确是制造激光器的好材料。从此他着手建造世界上第一台激光器。他的准备工作十分的详细完备，他选用掺钕红宝石晶体作为工作物质，以脉冲力作为光泵。1960 年 7 月 7 日，梅曼在加利福尼亚的休斯航空实验室进行了人造激光的第一次实验，当按钮按下时，第一束人造激光就产生了。这样，世界上第一台激光器——红宝石激光器诞生了。这束红色激光标志着人类文明史上一个新时刻的来临。

卡末林·昂内斯液化氦一举成功

1898 年，英国物理学家杜瓦克服重重困难，首次液化了氢气，为低温物理的发展迈出了重要的一步。直到 1908 年 7 月 10 日，荷兰物理学家昂内斯终于征服了氦。他把杜瓦方法推进了一步，利用液态氢在压力下将氦冷却至 -255℃（18K），然后让氦膨胀来进一步冷却其自身。借助此法，他液化了氦。然后再让液态氦蒸发，温度进一步下降，在常压下可液化氦（4.2K）。这个温度可使所有其他物质都是固体。他甚至将温度降至绝对温度 0.7K，真正逼近了绝对零度，所以昂内斯的朋友都风趣地赠给他一个头衔"绝对零度先生"。昂内斯由于这项低温的研究而得到了 1913 年的诺贝尔物理学奖。

物理学家致力于低温研究，主要是为了研究物质在低温时的性质。杜瓦发现，金属的电阻随温度的降低而减小。能斯特的工作表明，纯金属的电阻最终在绝对零度消失。昂内斯在液氢的温度下测量了金属物质金、汞、银、铋等的电阻，发现不同金属的电阻是温度的函数。在 4.2K 时，由于出现了超导性，电阻突然消失了。

纯度不同的金属在低温下电阻变化不同，金属越纯，随着温度的降低，其电阻就变得越小。昂内斯继续在液氦温度下，测量了汞。因为汞在室温下为液态，易用蒸馏法获得很高的纯度。这次测量的结果使昂内斯大为惊讶。1911 年 4 月 28 日，卡末林·昂内斯发表了一篇题为《在液氦温度下纯汞的电阻》的论文，向世界宣告："纯汞能够被带到这样一个状态，其电阻变为零，或者说至少觉察不出与零的差异。"人们第一次看到了超导电性。

英国数学家威尔斯解决费马猜想

1630 年左右，法国数学家费马（P. D. Fermat）对古希腊丢番图的著作《算术》第二卷的第八命题进行了推广，得到了如下一个命题：当 n≥3 时，不定方程 $x^n + y^n = z^n$ 不存在正整数解。这就是费马猜想。

自费马去世后，许多数学家如莱布尼兹、欧拉（L. Euler）、勒让德（A. M. Legerdre）、高斯、柯西、狄利克雷（P. G. L Direchlet）和库默尔（E-. E. kummer）等试图证明这一猜想，但有的只给出了作为特殊情形的证明，有的甚至给出了错误的证明。

再困难的问题也阻止不住人们对它的探求。1955 年，日本数学家谷山和志村提出了谷山－志村猜想。1986 年，德国数学家弗赖（G. Frey）发现，如果谷山－志村猜想成立，则费马猜想成立。同年，美国数学家里贝（K. Ribet）证明了塞尔（J. P. Serre）的"水平约化猜想"。因此，要证明费马猜想，只需证明谷山－志村猜想成立。上述工作为威尔斯最终解决费马猜想铺平了道路。

威尔斯于 1954 年 4 月 11 日出生于英国剑桥，十岁时就对费马猜想产生了浓厚的兴趣，费赖和里贝的工作极大地鼓舞了威尔斯，之后，威尔斯便制定了详细的计划，并全身心地投入到了费马猜想的研究中去。1993 年 6 月 23 日，威尔

斯在做完题为"椭圆曲线、模型式和伽罗瓦表示"的演讲后，以平静的语气向与会者宣布："我证明了费马猜想。"然而，威尔斯并没有立即发表自己的论文，而是不断地检查其中的错误，经过近两年的修改、完善，才于 1995 年5 月将论文全文发表。至此，困惑数学界 300 多年的难题解决了，威尔斯也因此于 1998 年获得了菲尔兹特别贡献奖。

哈伯创立制氨法

20 世纪初，农业和军工业发展对氮化合物的需求量越来越大，于是科学家想方设法固定空气中的氮，方法之一就是氢固定法，即用氢和氮合成氨。氨是合成氨肥的重要原料，同时本身也是一种氮肥，所以制氨法就成了重要研究课题。但合成氨很困难，常温常压下氮和氢反应无法制得，让它们通过电火花也只有少量产生，因此有人认为不可能合成氨。物理化学的发展带来了新的希望，质量作用定律、化学动力学、化学平衡原理等理论的问世使合成氨的本质日益清晰。

德国科学家哈伯及其学生在两万多次实验中逐渐认识到合成氨的原理。理论计算表明，氢、氮在 200 个大气压和 600℃ 的条件下反应，氨的生成率为 8%，哈伯意识到合成氨不可能实现硫酸生产中的高转化率。他们采用使反应气体在高压下循环加工，配以适当催化剂，在循环过程中不断分离氨的方法，最终以锇作催化剂在 175 ~ 200 个大气压下和 500 ~ 600℃ 时，合成了 6% 以上的氨，1909 年 7 月 2 日，成功建立了每小时产 80 克氨的实验装置，合成氨取得了重大突破。哈伯因此获 1931 年度诺贝尔化学奖。

合成氨的方法立刻被德国公司付诸工业生产，在工程师波施领导下，经过 5 年时间，选用含少量氧化铝的钾碱助催化的铁催化剂和耐高温高压的合成塔，建成了世界上第一座年产 9 000 吨的合成氨厂，极大地满足了社会需求。合成氨在化学工业史上意义重大，是基础理论在工业上成功运用的典范，还开创了化工高压技术。此外，合成氨过程中出现的问题也向理论化学提出了要求，推动了基础理论的进一步发展。

海森伯创立矩阵力学

海森伯（Werner Heisenberg，1901～1976）是德国著名物理学家，矩阵力学的创始者。

1925年7月6日，海森伯发表了《关于运动学和动力学关系的量子论的重新解释》一文，为矩阵力学奠定了基础。海森伯之所以要创立一种新的理论，原因基于以下两点：1. 他认为一种理论应该建立在可观察量的基础之上，而旧的量子论中包含了电子的不可观察量，比如电子的位置和绕转周期等。2. 他认为对应原理一开始就应以严格的形式出现，而不应像在旧量子论中，对应原理是作为避免经典困难而使用。

海森伯的论文从三个方面对这一新的理论作了阐述：第一部分给出了量子论的运动学表述式；第二部分给出了量子论的动力学表述式；第三部分讨论了一个简单的非谐振子的应用例子。

海森伯的论文在完成之后，他自己对这套新的数学方案也没有太大把握。后来，在泡利的鼓励下，他把论文交给了玻恩，以确定是否有价值发表。玻恩在看到他论文中的乘法规则时也感到困惑不解，后来经过 8 天的苦思冥想，终于弄清楚了海森伯用来表示观察量的二维数集就是矩阵元。玻恩很快就把这篇重要的论文推荐给了《物理学杂志》。为了给这一理论建立一套严密的数学基础，玻恩和擅长矩阵运算的哥廷根大学的约尔丹合作，于 1929 年 9 月写出了长篇论文《论量子力学》，后来他们又与海森伯合作于 11 月写出了《论量子力学Ⅱ》。

矩阵力学成为了和波动力学同样有效但形式迥异的一种全新的理论。后来经薛定谔证明两者在数学上是等价的，矩阵由薛定谔的本征函数构成，反之亦然。海森伯也因这一伟大的理论而荣获了 1932 年度诺贝尔物理学奖。

交德逊发现正电子

卡尔·戴维·安德逊（Carl David Anderson，1905～），美国物理学家，美国加州理工学院物理教授密立根的学生。从 1930 年起，安德逊开始负责用云室观测宇宙射线。云室的设计很巧妙，室中加了一块 6 毫米厚的铅板，来减慢粒子的运动速度，并增加粒子的路径曲率，将云室放置于磁场中，并用快速的方法拍下粒子径迹的照片。

1932 年 8 月 2 日，安德逊在照片中发现一条特殊的轨迹，与电子的轨迹相似，却有相反的方向。根据由实验中观测的粒子径迹的长度、粗细、曲率半径以及磁场的强度、方向等数据，得出粒子电荷为正，且与电子有相同的质量的结论，这就是狄拉克曾从理论上预言存在的正电子。

正电子的发现，很快引起了人们的广泛关注。后来实验证明，不只在宇宙射线中，而且在某些有放射性核参加的核反应过程中，也可以找到正电子的轨迹。实验发现，正电子与负电子总是成对出现，因为具有相同质量，相反极性的电荷，所以在磁场中的径迹总是呈现一对半径相同但取向相反的圆，并且正电子在运动过程中遇到负电子会发生湮灭。

电子对的产生和湮灭，使人们认识到，"基本粒子"不再包含"基本的"和"不可再分"的内涵了。在适当的条件下，正负电子可以成对的产生或湮灭，也就是说基本粒子可以互相转化，物质的各种形态可以互相转变。人们开始想象是否存在其他的反粒子，如反质子、反中子，或者在遥远的宇宙深处，还有一个不为我们所知的反世界。就像一面镜子，有一个反物质组成的自我在同一个时间做着同样的事情。

哥伦布美洲探险起航

1492 年 8 月 3 日，哥伦布率三艘大船由西班牙巴罗士港顺风起航，开始了发现新大陆的伟大探险。

哥伦布是意大利人，在葡萄牙学习航海知识，参加远洋航行，熟练掌握了多种航海技术。他接受了大地是球形的观念，相信从托勒密那里传下来的关于地球周长的数据，这使他坚信往西航行也可以到达盛产黄金和香料的亚洲国家，并且这条路线是到达东方的最短路径。哥伦布曾将自己的西行计划上呈葡萄牙王室，但遭到了否决。心灰意冷的哥伦布来到了西班牙，又向西班牙王室献出了自己的计划，经数年周折，终于在 1492 年得到了王室的资助，才使他的西航计划得以实行。

经过一个多月的航行后，船队于 9 月 6 日驶过加纳利群岛进入当时完全未知的大西洋海域，船员们个个胆战心惊，唯有哥伦布充满着冒险的喜悦和对成功的自信。又经过长时间的艰难航行，终于在 11 月 12 日抵达了陆地，这就是巴哈马群岛中的圣萨尔瓦多岛。但哥伦布误以为是到达了亚洲的印度，于是称当地居民为"印第安人"。哥伦布没有找到他梦寐以求的黄金珠宝，只得于 1493 年 3 月返回西班牙。此后，哥伦布又先后三次西航来到这块陆地，但仍然没有找到黄金。1506 年哥伦布在贫病交加中离世，至死都认为自己到达了亚洲大陆。

哥伦布的远洋探险行动是一次殖民行为，其功利性目的虽未达到，但在客观上却完成了一次发现新大陆的历史性创举。他的行动激发了欧洲人的探险热情和想象力。一波又一波的远洋航海，实现了对世界历史发展有重大影响的地理大发现。

瑞利等发现氩

日本化学史家山冈望先生说："在怀着敬慕的心情沿着前人所开拓的学术道路，领悟前人的研究动机，学习他们的研究谋略，并以他们的勤奋精神为榜样终于获得了成功的事例，在近代化学史上没有超过氩族元素的发现了。"氩元素的发现是从小数点后第三位的微小重量——0.0066克开始的。

1892年，英国物理学家瑞利反复测定了从空气（当时人们认为空气由氧气、二氧化碳、氮气及水蒸气组成）中得到的氮气，在标准情况下每升重1.2572克，而从氮的化合物中取得的氮气则每升重1.2506克，二者相差0.0066克。为了足够精确，瑞利又重做此实验，并用电火花通过两种氮，把它们封闭起来，静置8个月，结果，它们之间的重量差不变。瑞利百思不得其解，于是向其他化学家求援。

瑞利的朋友、化学家莱姆塞思路开阔。他认为从空气中提取的氮较重的原因，也许是空气中含有一种未知的较重气体。事实上，80多年前卡文迪许早已发现，在氧、氮的放电实验中，总有一部分气体不能同氧化合而残余到最后，剩余量为1/120。多么缜密的观察家！只可惜百余年来没有任何化学家注意过这个1/120。瑞利与莱姆塞合作研究，继续探索。1894年8月13日，他们将空气中得到的氮通过加热的镁，除去生成的氧化镁，还留有少量气体，对其进行光谱分析，得到了有红色和绿色的各组明亮光线的光谱。他们把这种比氮密度大、体积占大气的0.93%的新元素叫做"氩"。

巴拉发现溴元素

在常温状态下，溴是一种溶解度不大的红棕色液体。和其他卤素一样，溴在自然界中不以单质状态存在。它为数不多的化合物常常和氯的化合物混在一起。一些矿泉水、盐湖水和海水中含有少量的溴。

溴发现于 1824 年 8 月 14 日，发现者是法国人巴拉。他当时年仅 17 岁，是一个医学专科学校的学生。

1824 年，巴拉在他的家乡蒙培利埃研究盐湖水在提取结晶盐后的母液，以便找到这些废弃母液的新用途。当通入氯气时，母液变成红棕色。他又换用氯水和淀粉来处理这个母液，发现溶液分成了两层，下层呈现蓝色，上层呈现出这种红棕色。蓝色是由于氯取代了碘化物中的碘和淀粉结合形成的。这红棕色的物质是什么？最初，巴拉认为这是一种氯的碘化物，他采用了两种方法来分解新物体，结果没有成功。最后他断定，这是和氯以及碘相似的新元素，它和碘一样被氯从它的化合物中取代出来。

巴拉用乙醚把它从母液中萃取出来，再用氢氧化钾处理，得到这种新元素的钾化合物，加入硫酸和二氧化锰共热后，重新得到纯净的红棕色液体。他把它命名为 muride，来自拉丁文 muria——盐水。后来法国科学院委员会把它改名为——Bromine，即溴。

由于在此之前氯和碘已经被发现，溴在被制得后因它的性质与氯和碘相似，才迅速被确定为是一种新元素。

普列斯特里制得氧气

　　"当真理碰到鼻尖上的时候还是没有得到真理"，这句话用来形容英国化学家普列斯特里（Joseph Priestley，1733～1804）再合适不过了。"气体化学之父"普列斯特里以制得氧气闻名于世，但他一生笃信燃素说，认为燃素是燃烧现象的根本原因，空气能助燃是因燃素尚未饱和，而他所制得的助燃能力更强的气体被称为"脱燃素空气"（即氧气），以至他与氧的发现擦肩而过。

　　尽管普列斯特里没能发现真理，但他却用杰出的实验技能为真理的发现铺设了道路。他进行了大量实验，在1774年8月1日的氧气实验中，他把装有少量氧化汞的试管放入水银槽中，开口朝下，下面用直径为12英寸、焦距为20英寸的聚光镜加热，收集到无色无味的气体。此气体不溶于水，蜡烛在其中燃烧发出特别明亮的光，生活在其中的老鼠寿命大大增加。在实验纪录中他是这样描述的，"我把老鼠放在'脱燃气'里，我发现它们过的非常舒服后，我自己受了好奇心的驱使，又亲自加以实验，""我自己实验时，是使用玻璃吸管从放满这种气体的大瓶里吸取的。当时我肺部所得感觉和平时吸入普通空气一样；但自从吸过这种气体以后，经过好多时候，身心一直觉得十分轻快舒畅，有谁说这种气体将来不会变成通用品？不过现在只有两只老鼠和我，才有享受这种气体的权利罢了。"

　　这段记录使我们更加了解他的实验过程和他献身科学的精神。他的亲身尝试确定了氧气对人体的价值，为氧气在医疗中的广泛应用奠定了基础，如今他的预言已部分实现，氧气已经成为高档的保健品、奢侈的日用品了。